## Zur Einführung
**DER MÄRZ 1938 – VOR- UND NACHGESCHICHTEN**

> *»Es ist alles häßlich und unerträglich.*
> *Die Eltern sitzen im Feuer. Der Teufel regiert.«*
> (Kalendereintrag der nach England emigrierten Schriftstellerin und
> Publizistin Hilde Spiel vom 13. März 1938)

Die Vertreibung der jüdischen Bevölkerung aus der an das Deutsche Reich angeschlossenen »Ostmark« vollzog sich im Gefolge einer bereits vor 1938 einsetzenden Praxis der Ausgrenzung und Stigmatisierung, die sich nach dem »Anschluss« zum brutalen Terror auswuchs. Sie ist nicht zu denken ohne das Schicksal derjenigen, die in den Konzentrationslagern ermordet wurden oder unter unvorstellbaren Bedingungen überlebten. Viele, denen die Flucht gelang, haben Eltern, Großeltern, Tanten, Onkel, Geschwister oder Freunde zurückgelassen. Das eigene Davongekommensein wurde häufig von Verzweiflung und auch Schuldgefühlen begleitet, die von der Scham herrührten, selbst entkommen zu sein, während die anderen »im Feuer« saßen, wie es die Schriftstellerin Hilde Spiel ausdrückte.

Dieses Begleitbuch zur gleichnamigen Ausstellung nimmt seinen Ausgangspunkt bei den Ereignissen im März 1938. Auf die kommentierte fotografische Dokumentation der historischen Geschehnisse folgt die Aufzeichnung von fünfzehn exemplarischen Wegen ins Exil, anhand von Briefen, (über)lebenswichtigen Emigrationsdokumenten, Tagebüchern, Musikdrucken, Fotos oder Manuskripten aus den Sammlungen der Österreichischen Nationalbibliothek. Diese Wege führten nach England, wie im Falle des Komponisten und Schönberg-Schülers Egon Wellesz; nach Nordafrika, wohin Berta Zuckerkandl flüchtete, die als Publizistin und Förderin eine Zentralfigur des kulturellen Lebens bis 1938 war; sie führten nach Amerika wie im Falle der Malerin Soshana oder nach Palästina, das zum Zufluchtsort von Elazar Benyoëtz wurde, einem der bedeutendsten Vermittler deutsch-jüdischen Geisteslebens nach 1945. Es sind die Lebensgeschichten jener, die rechtzeitig fliehen konnten, die in ihren Gastländern mehr oder wenig heimisch wurden und die einen essenziellen Teil jenes österreichischen und europäischen kulturellen Erbes verkörpern, das so gerne beschworen wird, das aber ohne die Leistungen und die Erfahrungen der Emigrantinnen und Emigranten nicht erfasst werden kann.

Die hier porträtierten MusikerInnen, SchriftstellerInnen und WissenschaftlerInnen stehen für die vielen anderen, die rechtzeitig flüchten konnten und auf oft abenteuerliche Weise in die verschiedenen Exilländer gelangten, abhängig von persönlichen Verbindungen, in erster Linie aber von den jeweils zu erlangenden Visa. Neben den Intellektuellen, den Künstlerinnen und Künstlern steht wiederum eine unübersehbare Zahl an Menschen, deren Namen vielleicht rekonstruiert werden konnten, von denen es vielleicht noch ein fotografisches Zeugnis gibt, von denen aber keine wie fragmentarisch auch immer überlieferten Nachlässe existieren. Hinter jedem Einzelschicksal steht eine Menge anderer, nicht mehr dokumentierbarer Schicksale. Nicht die »Berühmtheit« war ausschlaggebend für die Auswahl der hier nachgezeichneten Lebensläufe und Lebensgeschichten; vielmehr stehen meist amtliche oder persönliche Dokumente im Mittelpunkt, die in der Beschreibung vielleicht wieder einen lebendigen Zusammenhang eröffnen und solchermaßen zu einem Nachleben beitragen – das ist das Mindeste, was wir den Vertriebenen schulden.

Am 15. März 1938 hielt Adolf Hitler auf jenem Balkon am Wiener Heldenplatz, unter dem sich heute der Haupteingang zur Österreichischen Nationalbibliothek befindet, seine berühmt-berüchtigte Rede, mit der die »Heimkehr« ins Reich auch symbolisch vollzogen wurde. Mit dem »Anschluss« verloren nicht nur SchriftstellerInnen, sondern auch jüdische KomponistInnen und MusikerInnen – wie in Deutschland bereits seit 1933 – die Möglichkeit, ihren Beruf auszuüben. Warum der Weg ins Exil meist der einzige Ausweg blieb, geht aus dem Vorwort zum *Lexikon der Juden in der Musik* aus dem Jahr 1940 klar hervor: »Die Reinigung unserer Kultur und damit auch unseres Musiklebens von allen jüdischen Elementen ist erfolgt.«[1] Jahrzehntelang wurden der begeisterte Empfang, der Hitler im März 1938 von einem nicht kleinen Teil der Bevölkerung bereitet wurde, sowie die Mitschuld von Österreicherinnen und Österreichern an den Verbrechen des Nationalsozialismus von der österreichischen Politik verdrängt. Es existierte keine kritische Öffentlichkeit, die es nach dem Krieg etwa ermöglicht hätte, die EmigrantInnen einzuladen, in das neue demokratische Österreich zurückzukehren, aus dem sie spätestens nach 1938 vertrieben worden waren. Grundlage des sogenannten »Opfermythos« war die »Moskauer Deklaration« der Alliierten vom

30. Oktober / 1. November 1943. In dieser Erklärung gaben die Außenminister Großbritanniens, der Sowjetunion und der Vereinigten Staaten ihrer Meinung Ausdruck, dass Österreich das erste freie Land war, das der aggressiven nationalsozialistischen Eroberungspolitik zum Opfer fiel und das deshalb von deutscher Herrschaft befreit werden sollte. Dieser Passus wurde von den Alliierten keineswegs als Freibrief verstanden. Es wurde zwar die Souveränität eines unabhängigen Österreich in Aussicht gestellt, diese jedoch an die Bedingung geknüpft, dass sich Österreich seiner Mitverantwortung stelle, und es wird ausdrücklich das Vorhandensein eines substanziellen österreichischen Widerstands eingefordert.

Es waren vor allem die österreichischen SchriftstellerInnen, die sich nach Jahrzehnten der Verdrängung der österreichischen Vergangenheit gestellt haben. Zwei Texte thematisieren die Massenhysterie rund um die Rede Adolf Hitlers bereits im Titel – das 1962 entstandene Gedicht *wien : heldenplatz* von Ernst Jandl und das zum 50. Jahrestag des »Anschlusses« 1988 am Wiener Burgtheater uraufgeführte Stück *Heldenplatz* von Thomas Bernhard. Der Dichter Ernst Jandl, selbst Ohrenzeuge des Chors fanatischer Stimmen, die dem falschen Heilsbringer zujubelten, antwortete in seinem berühmtesten Gedicht auf die hysterische Stimme des Führers mit den Mitteln experimenteller Poesie: Das Gedicht spricht von einer »aufs bluten feilzer stimme« und einem »hünig sprenkem stimmstummel«. Thomas Bernhards *Heldenplatz* löste einen in der österreichischen Theatergeschichte einzigartigen Skandal aus, der die politische und moralische Dimension dieser Aufführung offenbarte. Selten gelingt es literarischen Texten, eine politische Aussage auf so überzeugende und wirkungsvolle Weise ästhetisch umzusetzen. Im Jahr 2011 war es wieder ein Stück eines österreichischen Autors, das ein tabuisiertes Stück Geschichte ins Zentrum rückte, indem es auf den Widerstand der Kärntner Slowenen gegen das Nazi-Regime hinwies. *Immer noch Sturm* von Peter Handke setzt den Partisanen kein Denkmal, es beansprucht für die Widerstandskämpfer endlich einen angemessenen Platz in der österreichischen Geschichte, in poetischen Bildern und mittels eines zugleich realen und imaginären Erinnerungsdiskurses.

Das ist eine weitere notwendige Nachgeschichte zum März 1938. Es gibt außerdem zahlreiche Vorgeschichten, die hier nicht nochmals wiederholt zu werden brauchen.[2] Der »Anschluss« stand in einem komplexen politischen, ökonomischen, ideologischen und mentalen Kontext. Am Ende des Ersten Weltkriegs versuchte Hugo von Hofmannsthal die untergehende Habsburgermonarchie und die absehbare Frage nach einem Anschluss an Deutschland in eine »österreichische Idee« zu transformieren: Worauf es jetzt ankäme, so Hofmannsthal, wäre, »die Grundlinien zu erfassen einer neuen übernationalen europäischen Politik unter voller Erfassung, Integrierung des nationalen Problems«.[3] Es kam völlig anders, die zahlreichen im Schwange befindlichen Anschluss- und Synthesegedanken mündeten in die Katastrophe des Nationalsozialismus. Deshalb gilt umso mehr, was Hofmannsthal 1917 formulierte, wenn auch das Österreich-Pathos dieses Essays nicht zuletzt durch den März 1938 relativiert wurde.

*Bernhard Fetz*

---

[1] Stengel, Theo; Gerigk, Herbert: *Lexikon der Juden in der Musik*. Berlin 1940, S. [5].
[2] Verwiesen sei hier stellvertretend für die Forschungsliteratur auf die Beiträge in dem Band *»Anschluß« 1938. Eine Dokumentation*. Hg. vom Dokumentationsarchiv des österreichischen Widerstandes. Wien 1988.
[3] Hofmannsthal, Hugo von: »Die österreichische Idee«. In: *Gesammelte Werke. Reden und Aufsätze II, 1914–1924*. Hg. v. Bernd Schoeller in Beratung mit Rudolf Hirsch. Frankfurt am Main 1979, S. 454–458, hier S. 457.

# Der »Anschluss« 1938

**EIN BILDESSAY**[1]

**EINLEITUNG**

Am 11. März 1938 um 15.30 Uhr trat der österreichische Bundeskanzler Schuschnigg zurück, um 20 Uhr hielt er im Radio seine letzte Rundfunkansprache, bereits über eine Stunde zuvor hatte Hitler der Wehrmacht den Marschbefehl erteilt: Österreichs Schicksal war besiegelt. Binnen weniger Stunden waren mit den Worten Ian Kershaws »die Straßen für den nationalsozialistischen Mob frei«[2] gemacht, ließen die nationalsozialistischen Rädelsführer in ganz Österreich auf Befehl Görings ihre Anhänger zu Straßendemonstrationen ausrücken. Von den ersten Stunden an kam es zu Ausschreitungen gegen Jüdinnen und Juden und zu Plünderungen jüdischer Geschäfte.[3] SA und SS übernahmen das Kommando und die Kontrolle über den Ablauf und die Organisation der Ereignisse. Bereits gegen 5 Uhr früh des 12. März landeten auf dem Flugplatz Wien-Aspern zwei Flugzeuge mit Heinrich Himmler, Reichsführer SS sowie Chef der deutschen Polizei, und seinen engsten Mitarbeitern, deren Aufgabe darin bestand, sofort eine Verhaftungswelle einzuleiten und die bereits stark nationalsozialistisch unterwanderte österreichische Polizei zu »säubern«.[4]

Ab dem Vormittag des 12. März landeten in Wien-Aspern, Wels und Innsbruck über 200 Flugzeuge der Deutschen Luftwaffe, die zahlreiche Propagandaflüge über Österreich durchführten und insgesamt 300 Millionen Flugblätter abwarfen.[5] Von all den planmäßigen Vorbereitungsmaßnahmen sowie den sofort einsetzenden Terror- und Einschüchterungsaktionen bekamen die LeserInnen der bereits vom ersten Tag an zensurierten Zeitungen nichts mehr zu sehen und zu lesen, ebenso wenig wie die BesucherInnen der Kinos, denen am 18. März 1938 zum üblichen Erscheinungstermin der alten Ständestaat-Wochenschau »Österreich in Bild und Ton« eine zwar von der österreichischen Herstellungsfirma Selenophon produzierte, in Bild und Ton jedoch bereits völlig im nationalsozialistischen Sinn durchgestaltete Wochenschau-Ausgabe präsentiert wurde, die einzig und allein einem Thema gewidmet war: dem »Anschluss«.

**Panzer rollten in Österreich vor,** die deutsche Wehrmacht marschierte über die Grenzen. Der neue Bundeskanzler Seyß-Inquart hatte um bewaffneten Schutz gebeten. Damit war der Traum vom freien, selbständigen Österreich zu Ende. Der Alptraum vom Tausendjährigen Reich begann. Die alten österreichischen Fahnen senkten sich vor Adolf Hitler, dem Anstreichergesellen aus Braunau; vor dem Wiener Hotel Imperial standen Österreichs Gardeoffiziere vor dem Weltkriegsgefreiten stramm (rechts)

**Österreich retten** sollten die Verhandlungen vom Obersalzberg. Nach seinem Besuch am 12. Feber bei Adolf Hitler bildete Bundeskanzler Schuschnigg (Mitte, mit Brille) ein neues Kabinett. Zu den prominentesten Mitgliedern gehörten Handelsminister Julius Raab (dritter v. l.), Außenminister Guido Schmidt (rechts neben Schuschnigg) und Innenminister Seyß-Inquart, dessen Berufung Hitler zur Bedingung aller „freundschaftlichen" Verhandlungen gemacht hatte

**Von Hitlers Gnaden** regierten einen Monat später die österreichischen Nationalsozialisten. Vom 13. März bis zum 10. April 1938 war Artur Seyß-Inquart Bundeskanzler (Mitte). Seine Minister waren (v. l. n. r.): Skubl, Wolff, Neumeyer, Hueber, Menghin, Reinthaller, Glaise-Horstenau, Jury und Fischbach. Nach der großen „Volksabstimmung" gab es kein Österreich, keinen Kanzler mehr. Nur noch einen Gauleiter und eine deutsche Ostmark

6 DER STERN

Diese und folgende Doppelseite: **1, 2** Der Stern, 11. Jg., Heft 11, 15. März 1958, S. 6–10

# über Österreich

### Vor 20 Jahren brach die braune Diktatur in unsere Heimat ein

Später wollten es alle gewußt haben. Doch als Adolf Hitler am 13. März 1938 Österreich durch Truppengewalt seinem Tausendjährigen Reich anschloß, sandten die Westmächte Glückwunschtelegramme in die Reichskanzlei. In Österreich hatten Arbeitslosigkeit und politischer Bruderkrieg den Boden für den großdeutschen Gedanken vorbereitet. Doch mit dem Namen Österreich ging nicht nur die Freiheit eines Sechs-Millionen-Volkes unter. Daß an diesem Tag auch die Lunte zu glimmen begann, die eineinhalb Jahre später das Pulverfaß Europa in Brand stecken sollte, wollte keiner der verantwortlichen Staatsmänner sehen. Österreich verschwand von der Landkarte. Seiner „geliebten Ostmark" versprach Adolf Hitler goldene Berge und führte sie in Krieg, Bombenhagel und Zerstörung.

Hunderttausende standen in Reih und Glied, als Adolf Hitler am 15. März 1938 auf dem fahnengeschmückten Wiener Heldenplatz „die größte Vollzugsmeldung seines Lebens" machte und e

**Bahnhofskontrollen** sollten die „Kapitalsflucht" aus Österreich verhindern. Aus Berlin hatte Göring telefonisch befohlen: „Die Grenzen muß er (Seyß-Inquart) besetzen lassen, damit die da (Juden und Antinazi) nicht mit dem Vermögen abschieben." Also marschierten in den Grenzstationen Zivilisten mit Stahlhelm und drohend aufgepflanzten Gewehren als Ordnungshüter auf

**Rassenhaß** predigten die neuen Machthaber vom ersten Tag an. Unter dem Kommando der SA machte sich der Pöbel überall begeistert ans Werk. Mit der Plünderung jüdischer Geschäfte, mit zerschlagenen Fensterscheiben, Spott, Prügelei und Verhaftungen begann der Leidensweg von Hunderttausenden, der schließlich in den Vernichtungslagern von Auschwitz und Buchenwald enden sollte

**Knobelbecher** dröhnten schon nach wenigen Tagen über die Wiener Ringstraße. H tausende — Begeisterte, sowie die Adabeis aller großen Schauspiele — standen Spalier, als reichs Pseudo-Bundeskanzler Dr. Artur Seyß-Inquart die große Parade der 10. deutschen Inf division abnahm. Am 12. März 1938 hatten die Truppen des Deutschen Reiches die G überschritten. Unter den Tritten der grauen Kolonnen starb Österreich. Die Stiefel der de Wehrmacht zertrampelten ein freies Land. In den Märztagen des Jahres 1938 aber übe Marschlieder und begeisterte Heil-Rufe Angst und Verzweiflung. Und beim festlichen P schritt-Auftakt ahnten nur wenige das grauenvolle Finale der österreichischen Schicksalssym

„Wien ist eine Perle, ich werde ihr die Fassung geben, die sie verdient", versprach Hitler den Österreichern. 1938 übernahmen die braunen Machthaber eine herrliche Stadt, eine Hochburg des geistigen und kulturellen Lebens (rechts: NS-Galaabend im Wiener Burgtheater). In sieben Jahren aber gelang es ihnen, dieselbe Stadt in einen rauchenden Trümmerhaufen zu verwandeln. Krieg und Bomben vernichteten jahrhundertealte Wahrzeichen (unten: der brennende Stephansdom). Schutt und Asche, Not und Elend, das war die großartig angekündigte Fassung

Eintritt Österreichs in das Deutsche Reich"

n der Wahlurne sollte der „Umbruch" alisiert werden. Am 10. April 1938 wurde r die Vereinigung Österreichs mit dem tschen Reich abgestimmt. Und 99 % in ganz schland — in Österreich sogar 99,75 % — ten Ja. Ja zu Adolf Hitler, dem Anschluß damit zu Krieg und Elend. Aus Begeisteg oder weil es keine andere Möglichkeit gab?

Erst 1958 setzte eine mediale Auseinandersetzung mit diesem Schlüsselereignis der österreichischen Zeitgeschichte ein. Der österreichische Fotograf Albert Hilscher sichtete sein umfangreiches Archiv für die deutsche Illustrierte *Der Stern*, die eine Bildgeschichte zum »Anschluss« 1938 vorbereitete, die am 15. März 1958 unter dem Titel »Nacht über Österreich«[6] erschien. *Der Stern* publizierte in dieser Bildgeschichte Agentur- und Propagandabilder vom März 1938.

Hilscher, der die dramatischen Ereignisse vom 11. bis zum 13. März 1938 in einigen Hundert Aufnahmen dokumentiert hatte, lieferte für die Reportage des *Stern* Bilder, die 1938 nicht publiziert worden waren. Sie zeigen die Kehrseite der Anschlusseuphorie und verweisen auf das unendliche Leid, das der Nationalsozialismus jenen brachte, die nun von der »deutschen Volksgemeinschaft« ausgeschlossen und der Vernichtung preisgegeben waren.

Erstmals wurde hier das Foto mit dem unter Aufsicht eines zufrieden grinsenden SA-Mannes das Wort »Jud« an eine Hauswand malenden Buben veröffentlicht, der von Gleichaltrigen umgeben ist – heute eine »Ikone« zum Thema »Antisemitismus 1938«. Der Bildtext 1958 lautete: »Rassenhaß predigten die neuen Machthaber vom ersten Tag an. Unter dem Kommando der SA machte sich der Pöbel überall begeistert ans Werk. Mit der Plünderung jüdischer Geschäfte, mit zerschlagenen Fensterscheiben, Spott, Prügelei und Verhaftungen begann der Leidensweg von Hunderttausenden, der schließlich in den Vernichtungslagern von Auschwitz und Buchenwald enden sollte.«[7]

13 Jahre nach dem Ende des Zweiten Weltkriegs führte die Bildreportage im *Stern* die Folgen des »Anschlusses« und die Konsequenzen des nationalsozialistischen Terrorregimes den LeserInnen als zeitnahe Erinnerung vor Augen.

Heute, 75 Jahre nach dem »Anschluss«, prägen einige wenige – letztendlich von der nationalsozialistischen Bildpropaganda erzeugte und verbreitete – Bildsujets unsere Vorstellungen von diesem Ereignis: zum »Hitlergruß« ausgestreckte Hände bei Hitlers Ankunft und Triumphfahrt durch Österreich, jubelnde Massen und verzückte, strahlende Gesichter am Heldenplatz. Nach wie vor sind es diese Bilder, die unsere Wahrnehmung dieser Ereignisse bestimmen.

Dies gilt es zu bedenken, wenn man sich mit der visuellen Geschichte des »Anschlusses« befasst. Diese Bilder können nicht unreflektiert als historische Quellen akzeptiert und gleichsam neutral als adäquate Darstellungen eines historischen Ereignisses angesehen werden. Nur durch eine historische

**3** Ausrufung der Republik Deutschösterreich.
Menschenmassen vor dem Parlament, 12. November 1918

Rekontextualisierung der publizierten fotografischen Quellen, durch Bildanalysen, eine Darstellung der propagandistischen Ziele und Methoden und durch einen Vergleich mit weitgehend unbekannten und unpublizierten Materialien, die noch in Archiven schlummern, wird es möglich, die Bilder vom »Anschluss« auch als historische Quellen zu lesen.

**DAS ENDE DER MONARCHIE UND DIE ZWISCHENKRIEGSZEIT**

Der »Anschluss« 1938 ist nicht denkbar ohne seine Vorgeschichte. Das Ende des Ersten Weltkriegs bedeutete auch das Ende des multinationalen Großreiches Österreich-Ungarn.[8] Am 11. November 1918 verzichtete Kaiser Karl auf jeden Anteil an den Staatsgeschäften, nicht jedoch auf den Thron. Am 12. November 1918 verabschiedete die Provisorische Nationalversammlung im Parlament einstimmig das »Gesetz über die Staats- und Regierungsform von Deutschösterreich«, dessen Artikel 1 besagte: »Deutschösterreich ist eine demokratische Republik. Alle öffentlichen Gewalten werden vom Volke eingesetzt.« Artikel 2 des Gesetzes über die Staats- und Regierungsform lautete: »Deutschösterreich ist ein Bestandteil der Deutschen Republik.«

Der Begriff »Deutschösterreich« war in der österreichisch-ungarischen Monarchie die inoffizielle Bezeichnung für die mehrheitlich deutschsprachigen Gebiete der zisleithanischen Reichshälfte. In der Übernahme dieser Bezeichnung für ein namenloses Land, dessen Grenzen noch nicht gezogen waren und dessen staatliche Eigenständigkeit durch den begründenden Gesetzesakt selbst infrage gestellt wurde, zeigt sich ein unlösbarer Grundkonflikt, der in Kombination mit der Wirtschaftskrise und dem Aufstieg des Nationalsozialismus letztendlich zum Untergang der Ersten Republik führen sollte.

Das Ende des Ersten Weltkriegs, der Zusammenbruch der österreichisch-ungarischen Monarchie, die Ausrufung der Republik Deutschösterreich, die schweren innenpolitischen Konflikte der Zwischenkriegszeit mit dem Brand des Justizpalastes, die Wirtschaftskrise und die Ausschaltung des Parlaments im März 1933 und in der Folge die missglückten politischen Versuche des autoritären Ständestaates, die Eigenständigkeit Österreichs zu bewahren, sind Ereignisse, die sich auch in der Presse- und Dokumentarfotografie niederschlagen.

In den 1930er-Jahren fotografierten Albert Hilscher und sein Kompagnon Leo Ernst die wichtigsten politischen Ereignisse in Österreich und schufen damit eindrucksvolle Bilder der Zeit. Die nicht genau datierte Aufnahme

**4** Lothar Rübelt, Justizpalastbrand. Flüchtende Menschen, 15. Juli 1927

**5** Albert Hilscher, Mit Kruckenkreuzfahnen verhülltes Republikdenkmal auf der Wiener Ringstraße, Mitte Februar 1934

**6** Juliputsch 1934. Die Exekutive vor dem von Nationalsozialisten besetzten RAVAG-Gebäude in der Johannesgasse 4a in Wien, 25. Juli 1934

**7** Albert Hilscher, Arbeitslosigkeit in Österreich, um 1930

eines Arbeitslosen mit der Rückentafel »Wer gibt mir Arbeit?« wurde zu einem Schlüsselbild für die Wirtschaftskrise der 30er-Jahre und wird bis heute publiziert.

Mit der Machtergreifung Hitlers 1933 stieg der Druck auf Österreich. Die Regierung Dollfuß nützte am 4. März 1933 eine Geschäftsordnungspanne, um das Parlament auszuschalten. Das bedeutete das Ende der Demokratie in Österreich. Dollfuß versuchte in einem autoritären »Ständestaat« einen Gegenentwurf zum Nationalsozialismus in Deutschland zu schaffen.

Ein »offizielles«, häufig publiziertes Foto stellt das Thema »Parlamentskrise 1933« durch die Innenaufnahme des Sitzungssaals dar. Die lange Belichtungszeit führt zu Unschärfen in den Bewegungen einzelner Personen. Die Visualisierung des Sitzungssaals und der Abgeordneten sowie die Identifizierung der wichtigsten handelnden Personen qualifiziert die Aufnahme der staatlichen Lichtbildstelle als »Ereignisfotografie«.

Viel weniger bekannt dagegen ist eine Aufnahme der Agentur Ernst und Hilscher, die sich nicht von selbst erklärt, jedoch ein wichtiges Detail – die Blockade des Zugangs zum Sitzungssaal durch Polizeibeamte in Zivil – dokumentarisch festhält.

Am 25. Juli 1934 wurde Bundeskanzler Dollfuß beim missglückten Putsch der Nationalsozialisten getötet, sein Nachfolger wurde Kurt Schuschnigg. Der Druck auf die österreichische Innenpolitik von Seiten des Deutschen Reiches wuchs.

Am 11. Juli 1936 unterzeichneten Kurt Schuschnigg und der deutsche Gesandte in Wien, Franz von Papen, das sogenannte »Juliabkommen« zwischen Österreich und dem Deutschen Reich, das aus einem öffentlichen Schriftstück und einem geheimen Anhang bestand. Im öffentlichen Teil anerkannte die deutsche Reichsregierung »die volle Souveränität des Bundesstaates Österreich«, während die österreichische Bundesregierung sich zu einer Politik verpflichtete, die »der Tatsache, dass Österreich sich als deutscher Staat bekennt, entspricht«. Was darunter im Einzelnen zu verstehen war, wurde in dem geheimen Anhang festgehalten: Amnestie für die meisten in Gefängnissen und Anhaltelagern befindlichen NSDAP-Mitglieder, Aufnahme von zwei Vertretern der »nationalen Opposition« ins Kabinett des Bundeskanzlers, Zulassung nationalsozialistischer Bücher und Zeitungen aus dem Reich. Das Abkommen bedeutete für die Öffentlichkeit keine Einmischung in die inneren Angelegenheiten Österreichs, nach innen aber, wie der Lauf der Ereignisse zeigen sollte, freie Bahn für den Nationalsozialismus in Österreich.

**8** Geschäftsordnungskrise des Parlaments, 4. März 1933
Auf der Ministerbank v. l.: Staatssekretär Fey, Handelsminister Jakoncig, Bundeskanzler Dollfuß, Finanzminister Weidenhoffer; am Rednerpult Abgeordneter König; hinter dem Redner der erste Präsident des Nationalrates, Karl Renner

**9** Albert Hilscher, Parlamentskrise. Polizeibeamte in Zivil besetzen im Parlamentskorridor die Zugänge zum Sitzungssaal, 15. März 1933

Am Tag der Unterzeichnung des Pakts mit Deutschland wurde Edmund Glaise-Horstenau, Direktor des Wiener Kriegsarchivs und Mitglied der SS, zum Minister ohne Portefeuille ernannt und der prodeutsche Guido Schmidt zum Staatssekretär für auswärtige Angelegenheiten. Nach dem Juliabkommen, der damit verbundenen Amnestie und der politischen Umstrukturierung hatte die österreichische NSDAP Bewegungsfreiheit bekommen.

### SCHICKSALSJAHR 1938

Anfang Januar 1938 begann Hitler seine Schlinge um Österreich immer enger zu ziehen. Ein Treffen Hitlers mit Schuschnigg sollte die Dinge vorantreiben. Hitler, der sich über die Reaktionen des Auslands nicht sicher war und daher den »evolutionären Weg« bevorzugte, setzte vorerst auf politischen Druck und stimmte einem Treffen mit Schuschnigg auf dem Obersalzberg zu, fest entschlossen, den österreichischen Bundeskanzler nach allen Regeln der Kunst einzuschüchtern, mit dem militärischen Einmarsch zu drohen und entscheidende Zugeständnisse zu erpressen, um sein Ziel zu erreichen. In Begleitung Franz von Papens und des österreichischen Staatssekretärs Guido Schmidt erschien Schuschnigg auf Hitlers Berghof, wo sie von Hitler und drei Generälen, die »besonders martialisch« wirken sollten, erwartet wurden.[9] Hitler begrüßte den österreichischen Bundeskanzler, ohne ihn zu Wort kommen zu lassen, mit einem zweistündigen Schreimonolog, lud anschließend freundlich zu Tisch, setzte das Drohgeschrei und den Psychoterror fort und erreichte schließlich, dass Schuschnigg alle Forderungen unterschrieb: Ende der Einschränkungen für nationalsozialistische Betätigung, Amnestie für verhaftete Nationalsozialisten, Ernennung von Seyß-Inquart zum Innenminister mit Verantwortung für die Sicherheitskräfte, Ernennung von Glaise-Horstenau zum Verteidigungsminister, Einleitung von Maßnahmen zur Verschmelzung der österreichischen Wirtschaft mit der deutschen. Für die meisten Forderungen galt der 15. Februar als Erfüllungsdatum, das entscheidende Datum für die propagandistische Umsetzung aber war durch Hitlers Reichstagsrede vom 20. Februar vorgegeben, die als Folge des Berchtesgadener Abkommens vollständig im österreichischen Rundfunk übertragen werden sollte.

Hitlers überlange Reichstagsrede am 20. Februar wurde im Rundfunk in Deutschland und erstmals auch in Österreich gesendet. Im zweiten Hauptteil seiner Rede sprach Hitler von »über 10 Millionen Deutschen« an den deutschen Grenzen (in Österreich und der Tschechoslowakei), von der Missachtung ihrer Rechte auf »völkische Selbstbestimmung« und davon, dass es »auf die Dauer für eine Weltmacht von Selbstbewusstsein unerträglich« sei, dass den »Volksgenossen« ob ihrer Verbundenheit mit dem »Gesamtvolk« »fortgesetzt schwerstes Leid zugefügt« werde. Schließlich sprach er unter bewusster Vereinnahmung der österreichischen RadiozuhörerInnen als Teil des deutschen Volkes: »Ich möchte an dieser Stelle vor dem deutschen Volke dem österreichischen Bundeskanzler meinen aufrichtigen Dank aussprechen, für das große Verständnis und die warmherzige Bereitwilligkeit, mit der er meine Einladung annahm und sich bemühte, gemeinsam mit mir einen Weg zu finden, der ebenso sehr im Interesse der beiden Länder wie im Interesse des gesamten deutschen Volkes liegt, jenes gesamten deutschen Volkes, dessen Söhne wir alle sind, ganz gleich, wo die Wiege unserer Heimat stand.«[10]

Diese Meisterleistung an Verlogenheit, die medial bereits über ein »Gesamtreich« transportiert wurde, lieferte den Startschuss für die sogenannten nationalsozialistischen »Volkserhebungen« in Graz und in den Bundesländern sowie für die endgültige Aushöhlung der österreichischen Unabhängigkeit, die in der Folge von »Hitlers trojanischem Pferd in Österreich«[11] betrieben wurde: dem in der Folge des Berchtesgadener Abkommens zum österreichischen Innenminister aufgestiegenen Nationalsozialisten Seyß-Inquart.

Die Fotografen Ernst und Hilscher dokumentierten auch die dramatischen Ereignisse vom 9. bis 11. März 1938 nach der Ankündigung der geplanten Schuschnigg-Volksbefragung über die Selbstständigkeit Österreichs am 13. März 1938. Diesen Aufnahmen ist es zu verdanken, dass einige visuelle Zeugnisse des beachtlichen Propagandaaufwands, der in einigen wenigen Tagen von den Dienststellen der Vaterländischen Front geleistet wurde, erhalten geblieben sind. Sie fotografierten die Plakatwände, die Vorbereitungsarbeiten für die Verteilung von Flugblättern und das Affichieren der Plakate sowie die Lautsprecherwagen, die mit Abstimmungsparolen durch die Straßen Wiens fuhren.

Häufig in der wissenschaftlichen Literatur zitiert und in Bildchroniken dargestellt wurde das Aktionsbild mit fahrendem Wagen und dahinfliegenden Flugblättern. Andere Bilder mit weniger starkem »Ereignischarakter« verloren den »Bilderkampf« in der Rezeption und wurden kaum wahrgenommen und publiziert, auch wenn sie in öffentlichen Archiven zugänglich sind.

Ein wenig bekanntes Foto der Agentur Dietrich zeigt Passanten, vermutlich auf der Kärntner Straße in Wien. Am Boden liegen Flugzettel. Das Bild bietet keinen »Aktionismus«, vermittelt aber einen guten visuellen Eindruck

**10** Albert Hilscher, Propaganda für die geplante Volksbefragung der Vaterländischen Front. Passanten vor einer Litfaßsäule Am Hof in Wien, März 1938

**11** Albert Hilscher, Propaganda für die geplante Volksbefragung der Vaterländischen Front. Wahlwerbung der Vaterländischen Front am Josefsplatz, März 1938

**12** Albert Hilscher, Propaganda für die geplante Volksbefragung der Vaterländischen Front.
Flugzettel werden vor der Albertina verteilt, März 1938

**13** Dietrich und Co, Propaganda für die geplante Volksbefragung der Vaterländischen Front. Mit Flugblättern übersäter Gehsteig in Wien, März 1938

von der kurzen »Zwischenzeit« des 10. und 11. März bis zur Machtübernahme der Nationalsozialisten nach der Abschiedsrede Schuschniggs in der Nacht vom 11. auf den 12. März.

Von dieser kurzen Phase gibt es einige wenige, auf den Originalquellen nicht präzise datierte Aufnahmen mit Szenen aus der Wiener Innenstadt, die von der Polizei abgeriegelt wird. Es sind in ihrem Entstehungszusammenhang Aufnahmen noch ohne klaren propagandistischen Zweck, im Vordergrund steht die Dokumentation des Geschehens.

Einige Stunden später aber ändert sich das Bild schlagartig. Vom Abend des 11. März an gibt es in den bildlichen Zeugnissen und Quellen nahezu ausschließlich Dokumentationen mit Jubelszenen über den »Anschluss« und Darstellungen aus nationalsozialistischer Perspektive.

Die bildlichen Dokumentationen der nationalsozialistischen Siegesfeiern am 11. und 12. März und die überlangen Wochenschau-Berichte markierten den Beginn des nationalsozialistischen Propagandafeldzugs, der den »Anschluss« als eine freie Volksbewegung von unten darstellt und in der sogenannten Volksabstimmung am 10. April seinen Höhepunkt und vorläufigen Abschluss findet.

Sofort nach der nationalsozialistischen Machtübernahme begannen die Vorbereitungen für die von Hitler proklamierte »Volksabstimmung« am 10. April, die den bereits vollzogenen »Anschluss« im Nachhinein legitimieren sollte. Die Produktion von Propagandabildern explodierte in den nächsten Tagen und Wochen geradezu. Es sind diese Bilder, die noch heute die allgemeine Wahrnehmung und auch den Publikationsmarkt bestimmen. Dabei wird der propagandistische Charakter dieser Quellen vollständig übersehen, obwohl er in der Bildkomposition augenscheinlich und auf der Rückseite der Bilder in vielen Fällen auch durch den Bildtext belegbar ist. Faktisch gleichzeitig mit der nationalsozialistischen Machtübernahme erfolgte die Gleichschaltung von Rundfunk und Printmedien in Österreich. Der Bildpublizistik kam dabei eine besonders wichtige Rolle zu.

Unmittelbar nach dem »Anschluss« wurde jüdischen FotografInnen die Ausübung ihres Berufes verboten und ihre Gewerbeberechtigung gelöscht. Dies betraf etwa 10% der bestehenden Betriebe. Einer der Betroffenen war Leo Ernst, Pressefotograf und Kompagnon von Albert Hilscher, der die Agentur nach dem unfreiwilligen Ausscheiden von Leo Ernst weiterführte. Heute ergibt dieser Quellenbestand ein nahezu lückenloses Bild von den Propagandafeldzügen der Nationalsozialisten bis zur Volksabstimmung am 10. April:

**14** Albert Hilscher, Propaganda für die geplante Volksbefragung der Vaterländischen Front. Auf der Kärntner Straße: Polizei, am Boden Flugblätter, Transparent »Für Frieden und Arbeit«, März 1938

**15** Ernst & Hilscher, Spontane Siegesfeiern der Nationalsozialisten.
Ein Polizist mit Hakenkreuzarmbinde wird hochgehoben, 11. März 1938

**16** Dietrich und Co, Spontane Siegesfeiern der Nationalsozialisten. Menschenmenge bei einer Autobushaltestelle, die Hände zum Hitlergruß erhoben, 11. März 1938

**17** Albert Hilscher, Nächtliche Freudenkundgebungen, 11. März 1938

Es beginnt mit den Siegesfeiern der Nationalsozialisten in der Nacht vom 11. auf den 12. März, der Ankunft der deutschen Truppen und der Ankunft Hitlers in Wien und seinem Auftritt am Heldenplatz.

Die propagandistischen Massenveranstaltungen mit Göring am Heldenplatz, Goebbels in der Nordwestbahnhalle, dem Eintreffen der Österreichischen Legion in Wien und den Auftritten Hitlers in Klagenfurt, Salzburg und Wien wurden ebenfalls von Hilscher fotografiert. Gegenüber den »reinen« und expliziten Propagandabildern der nationalsozialistischen Agenturen liegt die Stärke seiner Fotografien trotz des propagandistischen Inhalts in den dokumentarisch gehaltenen Aufnahmen, die manchmal noch an den realistischen Reportagestil der 30er-Jahre erinnern, manchmal durch eine bewusste Überzeichnung in der Bildgestaltung und Perspektive den propagandistischen Wert des Bildinhaltes außer Kraft setzen und für eine Ambivalenz der Wahrnehmung sorgen.

Ein weiterer Fotograf, der bedeutsame Dokumentationen der nationalsozialistischen Machtübernahme in Österreich erstellte, war Lothar Rübelt. Er war einer der ersten Pressefotografen mit Leica-Ausrüstung und damit ein Pionier der »schnellen« Fotografie. Ab 1935 war Rübelt Mitarbeiter eines der wichtigsten nationalsozialistischen Bildmedien, der *Berliner Illustrirten*. 1936 fotografierte er als offizieller Bildberichterstatter bei den Olympischen Spielen in Garmisch-Partenkirchen und Berlin.[12]

Anfang März 1938 befand sich Rübelt in St. Anton am Arlberg. Rübelt, der offenbar über Insider-Informationen verfügte, verließ St. Anton am 11. März und fuhr nach Innsbruck. Auf dem Weg kam er durch Imst und Telfs, übernachtete in Innsbruck und fotografierte die ganze Nacht: Männer, die in der Gaststube eines Wirtshauses sitzen und Radio hören, um zu erfahren, was in Wien passiert, deren demonstratives Aufstehen zum Hitlergruß, eine nationalsozialistische Versammlung, die sich zur Beratung trifft, und nationalsozialistische Siegesfeiern in der Nacht in Innsbruck.

Rübelt blieb die nächsten Tage in Tirol und fotografierte das Eintreffen der deutschen Truppen. Nach Wien kam er erst im April, um den Abschluss der Wahlpropaganda zu fotografieren und durchaus affirmativ die Beteiligung der nationalsozialistischen »Jeunesse dorée« am »Tag des Großdeutschen Reiches« (9. April) stilistisch gekonnt und den Betrachter herausfordernd in Szene zu setzen.

Der Bildberichterstatter Lothar Rübelt sympathisierte 1938 offen mit dem Nationalsozialismus und verfasste im April 1938 für das *Interessante Blatt* eine

**18** Albert Hilscher, »Anschluss« 1938. HJ am Heldenplatz, 15. März 1938

**19** Albert Hilscher, »Anschluss« 1938. Versehrte des Ersten Weltkriegs am Heldenplatz, 15. März 1938

**20** Albert Hilscher, »Anschluss« 1938. Hitler am Heldenplatz, 15. März 1938

**21** Albert Hilscher, Propaganda für die Volksabstimmung.
Joseph Goebbels in der Wiener Nordwestbahnhalle, 29. März 1938

**22** Albert Hilscher, Propaganda für die Volksabstimmung. Vorbereitungen in der Wiener Nordwestbahnhalle für die Großkundgebung mit Adolf Hitler, 9. April 1938

**23** Albert Hilscher, Propaganda für die Volksabstimmung. Hermann Göring am Heldenplatz, 27. März 1938

**24** Albert Hilscher, Österreichische Legion. Begeisterter Empfang am Bahnhof, März 1938

**25, 26**
Lothar Rübelt, Radionachrichten zur politischen Lage werden in Innsbruck gehört, 11. März 1938.

**27** Lothar Rübelt, Durchfahrt der Deutschen Wehrmacht durch die Innsbrucker Maria-Theresien-Straße, 12. März 1938

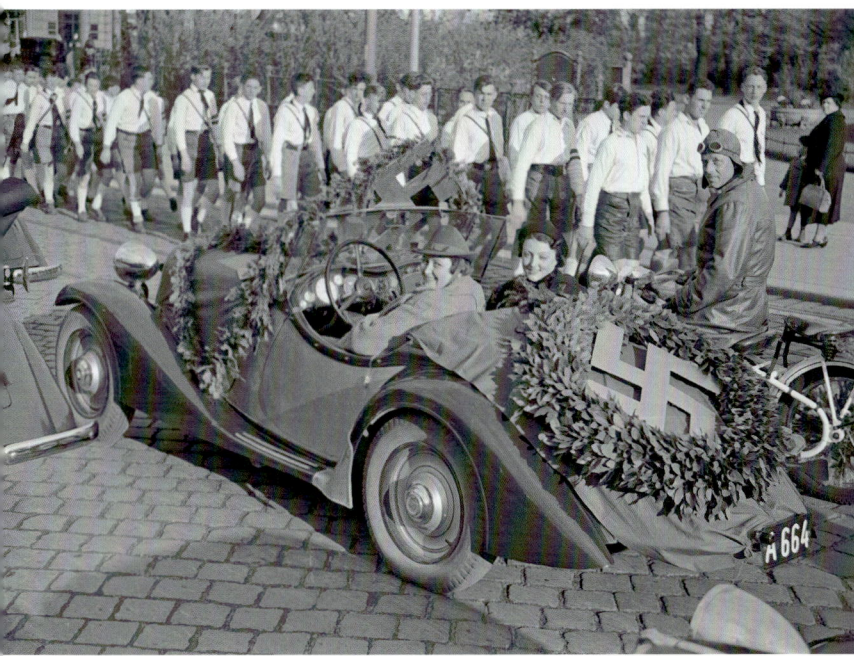

**28** Lothar Rübelt, Tag des Großdeutschen Reiches in Wien. Mit Hakenkreuzen geschmücktes Cabrio, 9. April 1938

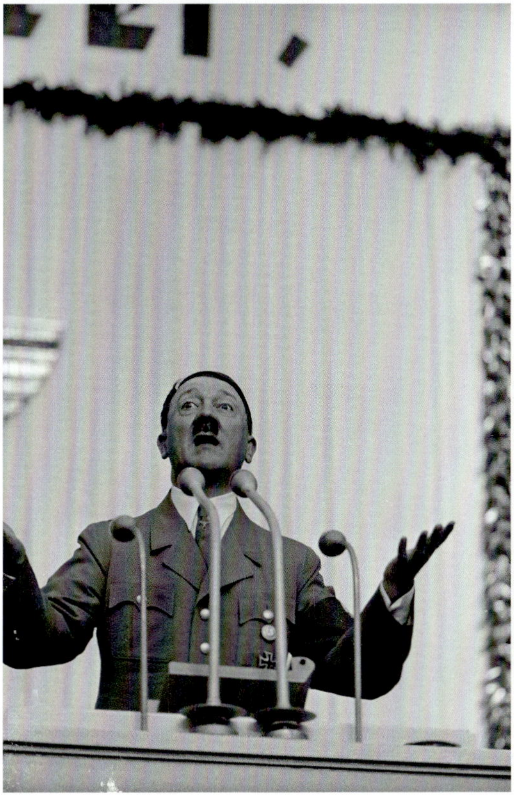

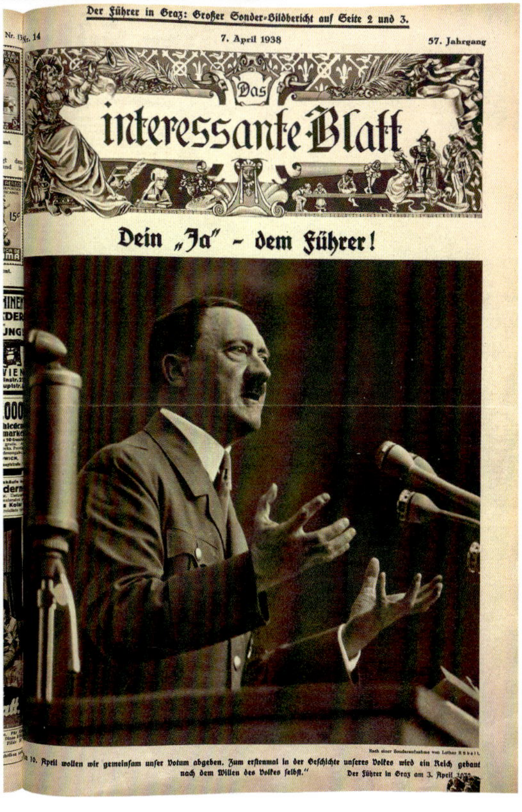

Der Führer in Graz: Großer Sonder-Bildbericht auf Seite 2 und 3.

Nr. 14 — 7. April 1938 — 57. Jahrgang

Das interessante Blatt

Dein „Ja" – dem Führer!

Nach einer Sonderaufnahme von Lothar Rübelt.

10. April wollen wir gemeinsam unser Votum abgeben. Zum erstenmal in der Geschichte unseres Volkes wird ein Reich gebaut nach dem Willen des Volkes selbst."

Der Führer in Graz am 3. April

**29** Lothar Rübelt, Adolf Hitler bei seiner Rede in der Weitzer Maschinenhalle, 3. April 1938
**30** *Das interessante Blatt,* Nr. 14, 7. April 1938, Titelseite

**31, 32** Herbert Glöckler, Menschenmenge auf dem Heldenplatz, 15. März 1938

Bildreportage über Hitlers Auftritt in Graz, die im nationalsozialistischen Sinn propagandistisch nichts zu wünschen übrig ließ. In Graz kam Rübelt Hitler so nahe wie kein anderer Fotograf mit Ausnahme von Hitlers Leibfotografen Heinrich Hoffmann.

Die Aufnahmen Hilschers und Rübelts vom März und April 1938 sind keine Aufnahmen, die außerhalb der Propagandamaschinerie des Nationalsozialismus standen. Aber dennoch bieten sie in ihrer Geschlossenheit und mit den damit erhaltenen kontextuellen Informationen die Möglichkeit, die offiziellen Propagandabilder zu hinterfragen und neu zu bewerten.

Dies gilt in gleichem Maß für einige private Nachlässe, die in den letzten Jahren den Weg in die Archive gefunden haben. Stellvertretend sei hier auf die Aufnahmen von der »Heldenplatzfahrt« einer Gruppe von AnschlussbefürworterInnen aus der Steiermark verwiesen, die aus dem Nachlass Herbert Glöcklers, Forstmeister in Neuberg an der Mürz, stammen. Glöckler fotografiert am Heldenplatz mitten aus der Menge, auf Augenhöhe mit den jubelnden Massen. Diese Bilder bieten eine völlig andere Perspektive auf dieses Ereignis, das in unserer Wahrnehmung einerseits aus der Sicht vom Balkon auf die Menschenmenge, andererseits in Aufsicht auf den »Führer« besteht.

Innerhalb weniger Tage hatten sich ein Land und die Stimmung der Bevölkerung dramatisch verändert, hatte ein Staat aufgehört zu existieren. Viele, zu viele, jubelten bereits jetzt. Bis zum 10. April sollten es noch mehr werden, mobilisiert durch eine Propagandaschlacht ohnegleichen. Allein in Wien wurden an die 120 Wahlveranstaltungen abgehalten, die Kosten für ganz Österreich beliefen sich auf mehr als 12 Millionen Reichsmark.[13] Nicht um eine »Volksabstimmung« ging es dabei, sondern um das Eintrichtern einer Botschaft mit allen Mitteln. Die Architekten der nationalsozialistischen Propaganda nutzten sehr geschickt den öffentlichen Raum für ihre Inszenierungen durch Beflaggen der öffentlichen Gebäude und symbolischen Orte bei Tag, durch Lichtspiele bei Nacht und schufen so eine allgegenwärtige, permanente Sichtbarkeit von Fahne, Hakenkreuz, Hitlerbild und nationalsozialistischen Parolen.

Ausgeschlossen von dieser wohl größten Propagandaschlacht in Österreich im 20. Jahrhundert blieben die von der »deutschen Volksgemeinschaft« verstoßenen Opfer des Nationalsozialismus. Von den aus schriftlichen Quellen bekannten antisemitischen Ausschreitungen der ersten Stunden waren bis zum »Gedenkjahr« 2008 nur wenige Bildquellen bekannt, die seitdem durch die Freigabe und Veröffentlichung von Privataufnahmen ergänzt

Ganz oben: **33** Lothar Rübelt, Parlament mit Propaganda-Transparenten, April 1938

Links: **34** Albert Hilscher, Propaganda für die Volksabstimmung. Beleuchtete Länderbank Am Hof in Wien, März/April 1938

Oben: **35** Propaganda für die Volksabstimmung. Das Loos-Haus in Wien, März/April 1938

**36, 37**
Albert Hilscher,
Antisemitische
Ausschreitungen
in Wien, März 1938

wurden.¹⁴ Eine Bildserie über antisemitische Ausschreitungen in Wien im März 1938 stammt aus dem Archiv der Fotoagentur Hilscher. Diese Fotos wurden 1938 nicht veröffentlicht. Einige der aktiv beteiligten Zuseher blicken in die Kamera, im Wissen, dass sie aufgenommen werden. Die Kamera ist ein wesentlicher Teil der Szenen. Diese Fotografien sind offen hergestellte Straßenbilder, teilweise sogar ganz gezielt in Pose gesetzt, die im März und April 1938 wohl nur deshalb keine Chance hatten, publiziert zu werden, weil sich die nationalsozialistische Propaganda vor der Volksabstimmung vom 10. April Ärger mit dem Ausland ersparen wollte.

Von all dem bekamen die Mitglieder der »deutschen Volksgemeinschaft« in Österreich 1938 freilich in den Medien nichts zu sehen, auch wenn der bewusste und offensiv zur Schau getragene Antisemitismus einen integralen Teil und den Abschluss der nationalsozialistischen Propaganda bildete.

Mit der Ausstellung »Der ewige Jude« (August 1938) erreichte die antisemitische Propaganda der Nationalsozialisten einen weiteren Höhepunkt. Diese Ausstellung, bereits 1937 in München gezeigt, erweiterte man in Wien um einen »österreichischen« Teil, der insgesamt ein Drittel der gesamten Ausstellung einnahm.

Die Hauptthemen der nationalsozialistischen Anschlusspropaganda waren der »Anschluss« als freiwillige Volksbewegung von unten, die freudige Zustimmung der Massen und die »Verkündigung« des Eintritts Österreichs in das Deutsche Reich durch Adolf Hitler am 15. März 1938 am Heldenplatz. Die Bildpublizistik und die Wochenschau-Berichte spielten in der Propagierung dieser Themen eine ganz wesentliche, wenn nicht die Hauptrolle. Aufgrund der sich überstürzenden Ereignisse in den Tagen und Stunden vom 11. bis zum 15. März 1938 und aufgrund der massenhaften Produktion von Bildern direkt nach dem »Anschluss« bis zur »Volksabstimmung« am 10. April ergibt sich aus historischer Sicht trotz des affirmativen Charakters und des propagandistischen Zwecks der Aufnahmen ein bemerkenswert vielfältiges Bild. Neben den hauptsächlich publizierten Fotografien der deutschen Agentur »Weltbild« und den quasi offiziellen monopolisierten Aufnahmen Heinrich Hoffmanns gibt es eine Fülle von Privataufnahmen und Aufnahmen österreichischer Fotografen, die 1938 aus verschiedensten Gründen nicht publiziert wurden und dennoch für die visuelle Geschichte des »Anschlusses« von größter Bedeutung sind.

Nur durch die konsequente und möglichst vollständige Dokumentation dieser Quellen und deren Vergleich mit den publizierten und propagandis-

Ganz oben: **38** Agentur Weltbild, Eröffnung der Ausstellung »Der ewige Jude« in Wien. Reichsstatthalter Seyß-Inquart bei seiner Eröffnungsrede in der Nordwestbahnhalle, 2. August 1938

Oben: **39** Helmut Weiser, Erster Mai 1938. Die MitarbeiterInnen des Flotten-Kinos posieren vor dem Kinoeingang, 1. Mai 1938

Rechts: **40** Antisemitische Tafel am Eingangstor einer Wiener Parkanlage, Juni 1938

tisch ausgeschlachteten Bildern wird es möglich, die »Anschlussfotografien« neu zu bewerten und als Geschichtsquellen zu lesen, die ein durchaus brüchiges und ambivalentes Bild vom »Anschluss« als Medienereignis zeichnen.

*Hans Petschar, Michaela Pfundner*

1 Der vorliegende Essay beruht auf folgenden Arbeiten: Petschar, Hans: *Anschluss. »Ich hole Euch heim.« Der »Anschluss« Österreichs an das Deutsche Reich. Fotografie und Wochenschau im Dienst der NS-Propaganda. Eine Bildchronologie.* Wien 2008. Petschar, Hans: *Der »Anschluss« 1938 als Medienereignis und Erinnerungsmotiv.* In: Motz-Linhart, Reinelde u.a. (Hg.): Tagungsbericht des 25. Österreichischen Historikertages St. Pölten, 16. bis 19. September 2008. S. 651–666.
2 Kershaw, Ian: *Hitler 1936–1945.* München 2002, S. 125.
3 Botz, Gerhard: *Nationalsozialismus in Wien. Machtübernahme und Herrschaftssicherung, Radikalisierung 1938/39.* Wien 2008, S. 71.
4 Ebd., S. 72.
5 Schmidl, Erwin A.: *Der »Anschluss« Österreichs. Der deutsche Einmarsch im März 1938.* Bonn 1994, S. 167–170 u. Bildteil nach S. 160.
6 Der Stern, 11. Jg., Heft 11, 15. März 1958, S. 6–10.
7 Ebd., S. 8 unten.
8 Auf die bis in die Gegenwart und Zukunft wirkenden Folgen des Zusammenbruchs der Habsburgermonarchie und der großen Imperien hat jüngst Georg Schmid hingewiesen: Schmid, Georg: *In the Presence of the Future. Mapping the Roads to Tomorrow.* Frankfurt/Main etc. 2012.
9 Kershaw, Ian: *Hitler 1936–1945.* München 2002, S. 115.
10 Domarus, Max: *Hitler. Reden und Proklamationen 1932–1945.* Band I, Triumph. Zweiter Halbband 1935–1938. 1965, S. 801–803.
11 Berger, Peter: *Kurze Geschichte Österreichs im 20. Jahrhundert.* Wien 2007, S. 188.
12 Zur Biografie Lothar Rübelts siehe: Pfundner, Michaela: *Dem Moment sein Geheimnis entreißen. Der Sportbildberichterstatter Lothar Rübelt (1901–1990).* In: Marschik, Müllner (Hg.): *»Sind's froh, dass Sie zu Hause geblieben sind.« Mediatisierung des Sports in Österreich.* Göttingen 2010, S. 317–327.
13 Kleindel, Walter: *Österreich: Daten zur Geschichte und Kultur.* Wien 1995, S. 366.
14 Eine Serie von Privataufnahmen wurde jüngst von Gerhard Botz in der Neubearbeitung seines Buches über den Nationalsozialismus in Wien (siehe Anm. 3) veröffentlicht.

## DIE KÜNSTLERIN SOSHANA
## »A broken childhood«[1]

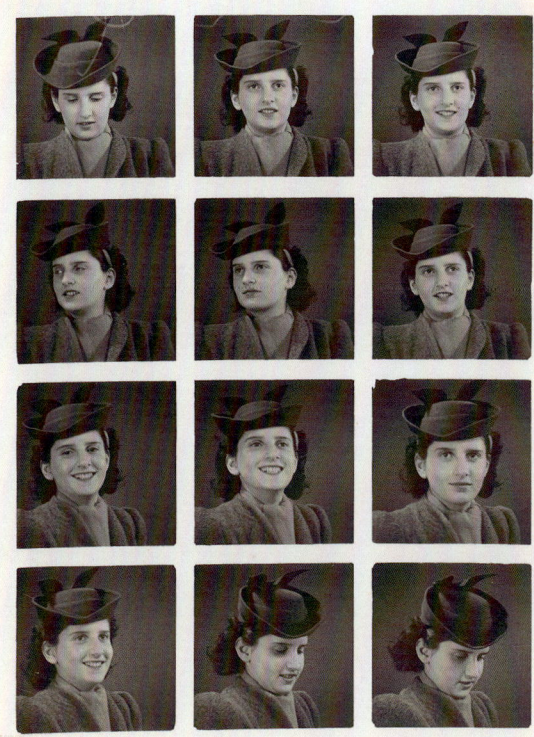

Susanne Schüller, die sich unter dem Namen Soshana als Künstlerin der österreichischen Moderne auch im internationalen Kunstbetrieb einen Platz erkämpfen konnte, kann eine bewegte Vergangenheit vorweisen. Flucht, Ausgrenzung und Verfolgung prägen ihr Leben und damit auch ihre Kunst. Dies gilt auch für ihre vielen Reisen. Sesshafter wurde sie erst wieder 1985, als sie nach Wien zurückkehrte, wo sie bis heute lebt und künstlerisch tätig ist.

**41** Soshana mit Hut. Passfotoserie, London um 1941

### SOSHANAS KINDHEIT IN WIEN

1927 in Wien geboren, wächst sie dort zusammen mit ihrem jüngeren Bruder im ersten Bezirk nahe dem Burggarten auf. Der Vater, ein erfolgreicher jüdischer Manschettenknopffabrikant, ermöglicht der Familie ein Leben in Wohlstand. Doch Soshana wird später immer wiederholen, dass sie sich als Kind nie wirklich glücklich gefühlt habe. Die Ehe der Eltern war arrangiert, ihre Mutter, Margarete Schüller, unglücklich und unzufrieden. Kindermädchen wurden engagiert, die sich vor allem wegen der wachsenden Frustration der Mutter in den späteren Jahren und ihren Wutausbrüchen die Klinke in die Hand gaben.[2] Einzig und allein ihre erste Kinderfrau Detta wird Soshana ein Leben lang in Erinnerung behalten, auch deshalb, weil sie fünf glücklichere Jahre mit ihr verbringen durfte. Beim Spielen im Burggarten konnte sie die Auseinandersetzungen zu Hause vergessen. Auch das Malen und Zeichnen halfen ihr dabei. Die Mutter förderte ihre Tochter dahingehend und sammelte die frühen Werke der späteren Künstlerin, was uns in die glückliche Lage versetzt, dass sich diese noch heute im Vorlass der Künstlerin überliefert haben.[3]

Nach dem Besuch der Volksschule ging es für Soshana ans Gymnasium. 1938, mit elf Jahren, endete dies jäh, da ihr als Jüdin der Schulbesuch nicht mehr gestattet wurde. Damals, so schildert Soshana, wurde ihr zum ersten Mal bewusst, dass sie Jüdin sei, »denn zuhause feierten sie Weihnachten mit einem großen Weihnachtsbaum [und] schöne Geschenke«,[4] auch Ostern wurde in der Familie feierlich begangen, aber nicht die jüdischen Feiertage.

1938 erlebte Soshana zusammen mit ihren Eltern und ihrem Bruder den Einmarsch Hitlers in Wien aus nächster Nähe – von ihren Wohnungsfenstern aus, die zur Operngasse hinausgingen, konnten sie Hitlers Einzug mitverfolgen. Später berichtet sie in ihren Tagebüchern immer wieder von diesem so einschneidenden und deshalb auch sehr einprägenden Moment: Noch gut könne sie sich daran erinnern, wie sie mit ihren Eltern vom Fenster hinausschaute und er jubelnd empfangen wurde, während er mit seinem offenen Auto und seiner Armee den Ring entlangfuhr. »Kalt wurde es mir, und ich bekam eine furchtbare Angst.«[5] Diese Kälte wird sie ein Leben lang begleiten und auf ihren Reisen sollte sie künftig mehrere Wolldecken im Gepäck mit sich tragen. Die Angst von damals ist ihr bis heute geblieben. Auch wenn sie die Bedeutung der Ereignisse damals nicht einordnen konnte, so beherrschte Hitler nun auch ihre Kinderzeichnungen.[6]

Nach dem Anschluss wuchs die Angst immer mehr, bis sie zu groß wurde und die Familie die Flucht als letzten Ausweg sah. Soshanas Vater besaß einen tschechischen Pass. Er konnte daher ohne Probleme vorausfahren und die Flucht seiner Frau und seiner beiden Kinder vom Ausland aus vorbereiten.

**DIE FLUCHT**

Margarete Schüller flüchtete zusammen mit ihren Kindern und wenig Gepäck im Zug über die Schweiz nach Paris. In Paris fühlte sich Soshana wohl. Zusammen mit Freunden erkundete sie die Stadt. Die neu gefundene Freiheit – in Wien hatte sie nie ohne Aufsicht das Haus verlassen dürfen – gefiel ihr. Ihr Vater versuchte in der Zwischenzeit, geschäftlich in Paris Fuß zu fassen, denn seine Firma in Wien war verloren. Den Sommer 1939 verbrachte die Familie in der Normandie. Dort, so schildert Soshana in ihrem Tagebuch, erfuhr sie von ihren Eltern an ihrem Geburtstag, als sie vom Schwimmen aus dem Meer kam, dass der Krieg angefangen habe.[7]

Nach den Ferien wurde Soshana, auf ihren eigenen Wunsch hin, auf ein College in England geschickt. Später wird sie rückblickend über die Entscheidung für ein englisches College sagen: »Das war das Beste was ich nach mei-

the First one my mother chose was the Rudolph Steiner Schule. I still remember the Teacher beating with a stick all the children on the Hands.

I got Sick often & told it to my mother & She promptly took me out. Then I was going to the Schwarzwald Schule in Vienna in the Herrn gasse —

In the morning we where Fahen on the roof, as it was then one of most modern & highest building in Vienna & where told to repeat — In the East the Sun rises, & in the West its slowly going down —

This was very significant to me & I believe that's What's happening in the world Today —

Then I went for 1 year to the Gymnosium, that is like High School in Vienna at Hitler? —

Then in 1938 Hitler marched into Vienna & annexed Vienna

I still remember that for the First Time in my life I became conscious of being jewish — They put the jewish children on the side & they started braking into jewish Stores, beating up Jews in Vienna & that was only the begining. My parents where a very assimi-lated & used to keep the christian

**42** Kindheitserinnerungen. Auszug aus einem Tagebuch von Soshana, 1954–1956

**43** »Adolf Hitler« und **44** »Hitler als Clown«. Kinderzeichnungen von Soshana, ca. 1938/39

nem Instinkt gemacht habe«[8], denn als Paris besetzt wurde, war Margarete Schüller gerade in London, da Soshana, das »very difficult child«,[9] in ihrer Schule ein Fenster mit ihrem Gymnastikschuh eingeworfen und man die Mutter deshalb in die Schule zitiert hatte. Ihre Mutter entging so der Besetzung Paris' durch die Deutschen. Soshanas Vater konnte gerade noch aus Paris fliehen und gelangte über Spanien nach Marokko, wo er ein Jahr blieb, bis er sein Visum für Amerika erhielt, um nach New York reisen zu können.[10] Finanziell war dies eine sehr schwierige Zeit für die Mutter und ihre beiden Kinder, denn schon bald wurde das Geld knapp und sie wohnten in einem sehr kleinen Zimmer in London. Nachdem Soshana das College nach dem Zwischenfall verlassen hatte, besuchte sie eine Schule für Modedesign. Doch auch in London wurden sie vom Krieg eingeholt.

**THE BLITZ**

Die Angriffe der deutschen Luftwaffe auf London, im englischen Sprachgebrauch als »The Blitz« bezeichnet, zwangen Soshana zusammen mit ihrem Bruder und ihrer Mutter dazu, die Nächte im Luftschutzkeller zu verbringen.[11] An diese Zeit besitzt Soshana noch sehr lebendige Erinnerungen. Eng war es dort und sie mussten am Boden schlafen. Auch von sexueller Belästigung spricht sie in ihren Tagebüchern immer wieder. »One night I saw the whole town burned and in fire; it seemed quite unreal to me.«[12]

Die Schule, die Soshana besuchte, fiel dem Bombenhagel zum Opfer. Soshana musste erneut die Schule wechseln und nahm nun Zeichenunterricht. Spätestens in dieser Zeit gab die Kunst ihr einen sicheren Halt in diesen unsicheren Zeiten, sie ermöglichte ihr, Erlebtes zu verarbeiten und sich in traumhafte Welten fernab von Krieg und Emigration zu flüchten.

Während ihrer nächtlichen Aufenthalte im Luftschutzkeller verliebte sich die 13-jährige Soshana in den Luftschutzkellerwart, den jungen Journalisten und Schriftsteller Eric Cook – ihre erste große Liebe.[13] Mit ihm machte sie Ausflüge in Londoner Parks, er las ihr Gedichte vor oder sie verbrachten glückliche Stunden auf dem Land. Für ihn befasste sie sich im Luftschutzbunker auch mit Poesie und schrieb Gedichte.[14]

Eines Abends, als sich Soshana mit Eric traf, ahnte sie bereits, dass dies das letzte Mal sein könnte, dass sie einander sahen. Sie behielt recht, denn am nächsten Tag bekam ihre Mutter die Visa für Amerika und Tickets für die Schiffspassage nach New York. Margarete Schüller hat die Ereignisse der folgenden Stunden und Tage in einem kleinen Bericht mit dem Titel *On Board*

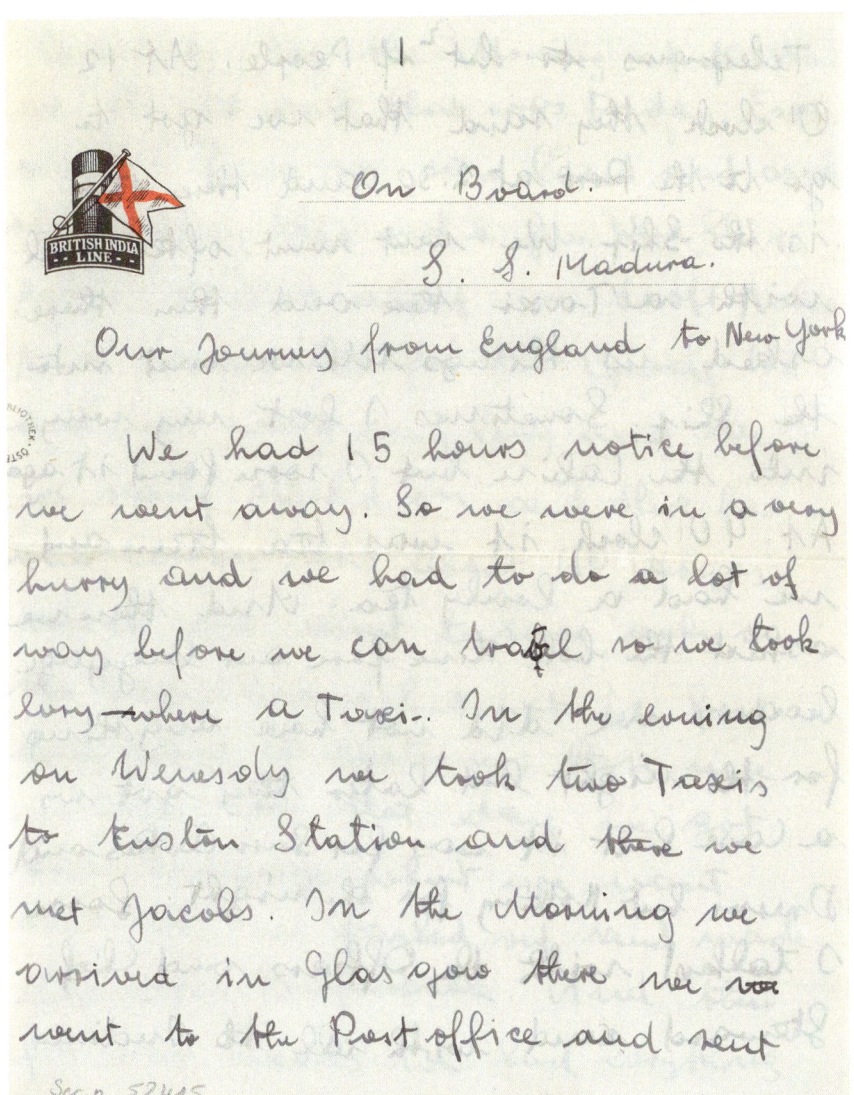

**45** *On Board S. S. Madura – Our Journey from England to New York.* Reisebericht von Margarete Schüller, 1941

*S. S. Madura*[15] genau festgehalten. Nun musste alles schnell gehen, denn sie hatten nur 15 Stunden bis zur Abreise nach Amerika. Fieberhaft packten sie, fuhren mit dem Taxi zum Bahnhof und verließen London in Richtung Glasgow. Dort verschickten sie Telegramme, um Freunden und Verwandten ihre hastige Abreise mitzuteilen. Dann schifften sie sich ein. Die S. S. Madura, das Schiff, das Soshana, ihren Bruder, ihre Mutter und ihre Großmutter nach Amerika bringen sollte, war das letzte Passagierschiff, das England Richtung Amerika verließ. Für Soshana war es die erste große Reise auf einem Schiff, ihr gefiel es, am Abend die Sterne zu beobachten und untertags der indischen

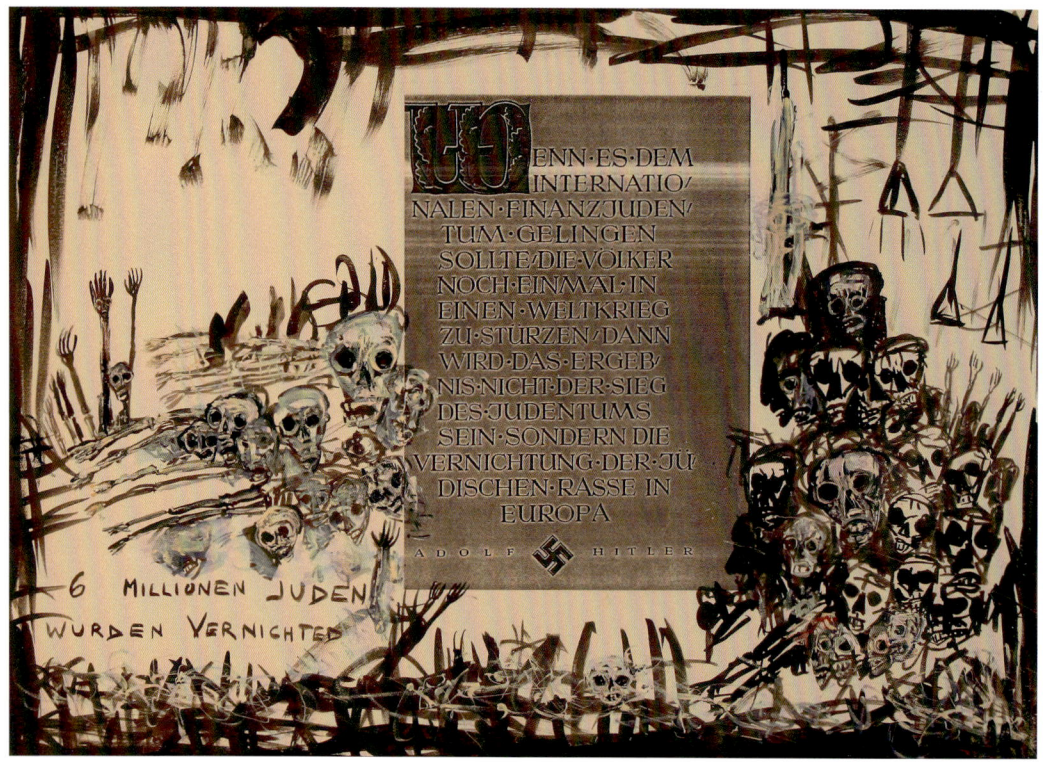

Schiffsbesatzung beim Arbeiten zuzusehen. Vorbei an Minen und U-Booten, erreichten sie nach zwei Wochen New York, wo sie ihren Vater endlich wiedersah.

**NEW YORK**

Soshanas erster Eindruck von der Stadt war kein guter. Sie empfand sie als hässlich und schmutzig und sie flößte ihr Angst ein. New York bedeutete wiederum eine harte Zeit für Soshana. Ihre Eltern waren nach der Flucht finanziell ruiniert und auch moralisch am Boden. Sie mussten sich dort wieder eine neue Existenz aufbauen, Soshana fühlte sich vernachlässigt.

Sie suchte sich neben der Schule kleinere Jobs, um sich etwas Taschengeld zu verdienen. Bei einer Ausstellung lernte sie Beys Afroyim kennen. Der um einiges ältere Künstler und Zeichenlehrer unterstützte Soshana in ihren künstlerischen Ambitionen und verstand ihr die zu Hause vermisste Wärme, Aufmerksamkeit und Geborgenheit zu geben. So entwickelte sich zaghaft eine Liebe zwischen ihnen, sehr zum Leidwesen der Eltern.[16] Bereits ein Jahr später reiste sie mit ihm quer durch Amerika. »Es war schön frei zu sein und Amerika zu sehen (...).«[17]

Linke Seite: **46** *6 Millionen Juden.* Soshana, Wien 1988
**47** Soshana, Wien 1999

Durch das Porträtieren zahlreicher aus Europa emigrierter Künstler und Schriftsteller, darunter bekannte Persönlichkeiten wie Thomas Mann, Arnold Schönberg oder Franz Werfel, finanzierten sie sich ihre Reise. 1945 heirateten die beiden und knapp ein Jahr später wurde Sohn Amos geboren.[18]

**»ALL LIFE TO ME IS LIKE A VOYAGE«**[19]
Als Beys wegen seiner kommunistischen Aktivitäten die USA verlassen musste, gingen sie nach Kuba. Über Europa ging es weiter nach Israel, doch »zu stark war Soshanas Wunsch nach Eigenständigkeit, zu groß der Widerwille, sich als Frau den gesellschaftlichen Konventionen zu beugen«.[20] Die Ehe zerbrach, der Sohn kam in die Obhut von Soshanas Vater, der bereits 1946 wieder nach Wien zurückgekehrt war, und sie selbst studierte zunächst Kunst in Wien, dann in Paris.

Viele ausgedehnte Reisen folgten: der Ferne Osten, Asien, Indien, Japan. Als sie 1972 beschloss, sich in Jerusalem niederzulassen, wurde auch dieses Vorhaben wieder durch einen Krieg verhindert: den Jom-Kippur-Krieg. New York wurde nun ihre neue Heimat. 1985 kehrte sie wieder in ihre Geburtsstadt zurück, doch wirklich eingelebt hat sie sich dort nicht mehr.[21] Einsamkeit, ein oft vorkommendes Motiv in ihren Bildern, machte sich auch hier wieder breit, da viele ihrer Freunde bereits gestorben waren. In Wien entstanden 1987/88, beeinflusst von der Waldheim-Affäre, auch ihre Collagen, in die sie nationalsozialistische Propagandatexte einbaute.

Sie selbst malt bis heute in ihrem Wiener Pflegewohnheim, in dem sie seit ihrem Schlaganfall lebt.

*Katrin Jilek*

1 »A broken home – a broken childhood – fear – war – escaping from Hitler Nazism – Emigration – homelessness – the Blitz in London (...)«, so beschreibt Soshana 1956 ihre Kindheitserlebnisse in ihrem Tagebuch. Cod. Ser. n. 51906.
2 Cod. Ser. n. 51909.
3 Soshanas Vorlass wird in der Sammlung von Handschriften und alten Drucken in der Österreichischen Nationalbibliothek aufbewahrt.
4 Cod. Ser. n. 51913.
5 Cod. Ser. n. 51912.
6 Cod. Ser. n. 52022, Stück 12.
7 Cod. Ser. n. 51911.
8 Cod. Ser. n. 30539.
9 Cod. Ser. n. 51932.
10 Cod. Ser. n. 30539.
11 Wie Birgit Prunners Magisterarbeit zeigt, haben besonders auch diese Zeit und die »schmerzvollen Erinnerungen an die klaustrophobische Enge des Kellerraumes« (Zitat S. 23) Soshanas Werk beeinflusst. Dies bringen unter anderem die Bilder *Alone in a room* oder *Woman alone II* zum Ausdruck. Siehe dazu: Prunner, Birgit: *Soshana. Das malerische Œuvre der 1950er und 1960er Jahre im Licht der internationalen Avantgarde.* Wien, Univ., Dipl.-Arb., 2011., S. 22f.
12 Cod. Ser. n. 51932.
13 Cod. Ser. n. 51909.
14 Cod. Ser. n. 51916.
15 Cod. Ser. n. 52415.
16 Cod. Ser. n. 51913.
17 Cod. Ser. n. 51911.
18 Cod. Ser. n. 51913.
19 Bäumer, Angelica u. Schueller, Amos (Hg.): *Soshana. Leben und Werk.* New York, Wien 2010. Zitat Abdruck auf Vorsatzblatt.
20 Al-Jaderi, Afnan: »Die Geschichte eines Lebens.« In: *Soshana. Leben und Werk.* Hg. v. Angelica Bäumer u. Amos Schueller. New York, Wien 2010, S. 24–47, Zitat S. 27.
21 Cod. Ser. n. 51911.

# KÄTHE BRAUN-PRAGER
## *Heimat in der Fremde – Reise in die Nähe*

**48** Käthe Braun-Prager im Jahr 1938

Käthe Braun-Prager wird am 12. Februar 1888 in Wien in eine österreichisch-jüdische Familie geboren. Ihre Mutter Caroline stirbt bei der Geburt; ihr Bruder Felix ist gerade drei Jahre alt. Ein Jahr darauf heiratet ihr Vater Eduard Braun die Schwester der Mutter, Laura Braun; 1896 kommt Käthes Bruder Robert zur Welt. Käthe Braun besucht eine höhere Töchterschule, arbeitet danach ab 1907 als Beamtin in der Creditanstalt und als Privatlehrerin. Unbeeinflusst vom nicht-religiösen Elternhaus konvertiert sie zunächst zum evangelischen, später zum katholischen Glauben.

Im Jahr 1917 heiratet sie den Schriftsteller und Philosophen Hans Prager. Drei Jahre später kommt ihre Tochter Ulrike zur Welt.

Ab 1920 ist Käthe Braun-Prager als freie Schriftstellerin tätig. Sie ist zudem die führende, organisatorische Kraft in der Familie und sorgt auch für deren finanzielles Wohlergehen, da ihr Mann oft nicht für den Lebensunterhalt der Familie aufkommen kann. 1927 wird ihr Drama *Anna Mayer* mit Erfolg uraufgeführt, der erste Gedichtband *Bei der Kerze* erscheint 1928. Im selben Jahr gründet Käthe Braun-Prager die »Literarische Frauenstunde« für Radio Wien, die sie bis 1938 leitet. Sie hält Vorträge über berühmte österreichische Frauen und gibt die Werke Rosa Mayreders heraus; mit ihr verbindet sie eine innige Freundschaft. Ab dem Jahr 1930 leitet sie die »Literarischen Vortragsabende« im Hotel de France und reist zu Vorträgen auch ins benachbarte Ausland. Bedingt durch die politische Situation veröffentlicht sie in den dreißiger Jahren auch unter dem Pseudonym Anna Maria Brandt.

In Käthe Braun-Pragers Wohnung in Wien-Sievering sind viele Künstler zu Gast. Ihr Bruder schreibt in seinen Lebenserinnerungen: »Das intellektuelle Leben Wiens spiegelte sich auf seine Weise in diesem Kreis des geistreichen Übermuts und Humors, der sich oft in ungewöhnlichen Gedanken und düsteren Ahnungen erging, als ob man wüsste, dass die Mehrzahl derer, die dichtgedrängt um diesen Tisch und auf dem Sofa saßen, das Jahr 1938 nicht lange überleben würden.«[1]

Sprechendes Zeugnis dafür ist das Gästebuch: Es endet mit einem Eintrag von Paula Molden-Preradović: »21. Februar 1939. Leiden vergeht. Aber nie vergeht es, dass wir gelitten. Leiden vergeht. Aber nie weicht von der Seele der Strahl. – Zum Abschied am letzten Tag im Sieveringer Haus.«[2]

Schon im März 1938 werden die Wohnungen der Familien Braun und Prager gekündigt; die Emigration steht also bevor. Einige Monate Aufschub können noch erstritten werden; Tochter Uli flüchtet jedoch bereits 1938 nach Paris. Im Februar 1939 emigriert Käthe Braun-Prager mit ihrer Stiefmutter nach England, wo sie auf Felix Braun treffen, der direkt von Italien aus nach England einreist. Er hat für seine Familienmitglieder bereits die nötige ›allowance‹, die nachzuweisende finanzielle Unterstützung, sowie eine erste Unterkunft in London organisieren können. Ihr Hab und Gut wird in Kisten verpackt einer Spedition übergeben; Käthe Braun-Prager schreibt am 13. April 1939 aus Grange an ihren Mann in Paris: »Bitte kannst Du, im Falle der Spediteur noch Geld braucht, in Wien welches bekommen […]? Hoffentlich kommen doch die Sachen einmal. Aber es sind 54 Kisten mit Felix zusammen. Stell Dir das vor!«[3]

Die Kisten kommen jedoch nie in England an; Käthe Braun-Prager schreibt am 30. November 1939 an ihren Mann: »In London habe ich alle Bücher Rosas (Rosa Mayreder, Anm.) und die Deinen und die von Felix, alle meine Kostbarkeiten verloren. […] Ich besitze nichts mehr, meine Tagebücher, Dramen, Briefe, Autographen alles wurde gestohlen in London, nicht genug an dem Wiener Verlust.«[4]

Wie sich Jahre später herausstellt, wurde das Gut seitens der Spedition zurückgehalten, sodass die Gestapo darauf Zugriff erhielt und es 1940 versteigern ließ.

Erste Exilsstation in England ist Grange-over-Sands, später Finsthwaite. Hier finden sie viel Unterstützung durch die ansässige Bevölkerung. Felix Braun schreibt: »Unsere Gönnerin Lady Lewthwaite richtete uns ein ganzes Cottage in dem entlegenen, einsamen Ort Finsthwaite ein, zu dem nicht einmal ein Autobus führte. […] In jedem Ort, in dem wir wohnten, wurde uns geholfen. […] Die Farmer und Arbeiter bestritten den Wohnungszins und sandten täglich Nahrungsmittel.«[5]

21. Februar 1939.
Leiden vergeht. Aber nie
vergeht es, daß wir gelitten.
Leiden vergeht. Aber nie
weicht von der Seele der
Strahl.

Zum Abschied am letzten
Tag im Sieveringer Haus.
Paula v Molden-Preradović

**49** Letzter Eintrag im Gästebuch im Februar 1939

**50** Postkarte an Hans Prager, 29. Juli 1939

Als Finsthwaite zur Kriegszone erklärt wird, übersiedelt die Familie nach Kendal, wo sie fünf Jahre lang bleiben können, und schließlich nach London.

Schon bald nach ihrer Ankunft in England nimmt Käthe Braun-Prager am gesellschaftlichen Leben teil. Eine Einladungskarte zu einer Garden Party der Tottlebank Baptist Church in Hopefield, Lowick, weist sie schon im Juni 1939 als Ehrengast aus, ein Zeitungsartikel berichtet, worüber sie, ›refugee of Vienna‹, gesprochen hat.[6] Weitere Einladungen folgen. Sie schreibt an ihren Mann am 30. November 1939: »Gestern haben wir die ersten Aufforderungen bekommen Vorträge zu halten, wir bekommen für jeden 15sh (Shilling, Anm.) und die Reisespesen und werden wahrscheinlich bald in der Gegend herumfahren müssen. Das freut uns sehr.«[7]

Käthe Braun-Prager verarbeitet ihre Erlebnisse im Exil in vielfacher Hinsicht literarisch. Der Novellenband »Heimkehr« erscheint 1958, »Heimat in der Fremde. Erlebnisse und Erzählungen aus England« 1968, »Ruhe in der Ferne« 1972. Aus dem Band »Reise in die Nähe. Aus einem englischen Tagebuch«, erschienen 1954, stammt folgender Erlebnisbericht aus dem Jahr 1939:

»Ein ›Refugee‹ zu sein, wie man hier stets genannt wird, bedrückt. Auch ist es ein so uniformes Wort, ein Wort, das entpersönlicht. Jeder wendet es an; wie ein störendes Geräusch waltet es in meinen Ohren und lässt mich nie vergessen, was mich betroffen. Heute sass ich in Pengarth auf einer Gartenbank, von wo aus man einen opalenen Streifen der Bucht erkennt, die unter den Baumwipfeln so daliegt, als ob man von den grünen Kronen stufenabwärts zum Meer hinuntersteigen müsste. [...]

Wurde ich nicht angerufen?

Refju-tschi-i! Ref-ju-tschi-i-i!!

Von wo kam der Laut? Ich dachte, man rief mich ins Haus zum Lunch, so deutlich menschlich, englisch war es ausgesprochen, oder war es nicht gesungen? Da hörte ich es im Baum knacken, sah einen Ast über mir schwanken, auf dem eine Spott-Drossel sich wiegte. Und immer wieder nannte sie mich bei meinem neuen Namen: Re-futschi-i-i!

Kein Vogel in Österreich hätte das Wort Flüchtling singen können.

Plötzlich hob sich der Vogel vom Ast, begann langsam über mir kreisend zu fliegen, doch ganz nahe gekommen, verstummte er, wie jemand, der erschrickt, wenn er zum erstenmal die Augen seines Spottobjektes auf sich gerichtet fühlt.«[8]

Felix Braun schreibt über Umstände und Alltag von Auswanderung, Exil und die damit verbundenen 15 Übersiedlungen: »Wie schwer hatte sie [Käthe Braun-Prager, Anm.] es in jedem unserer Verbannungsorte! Das schlechteste Zimmer war das ihre, ihre Hausarbeit teilte sie mit unserer Mutter, es blieb ihr wenig Zeit für sich selbst und ihre Dichtung. Dennoch klagte sie nie, sondern suchte uns das Leben in der Fremde so erträglich wie möglich zu gestalten.«[9]

Käthe Braun-Prager nimmt auch über die große geografische Distanz regen Anteil an Leben und Schicksal ihres Ehemannes und ihrer Tochter im Pariser Exil. Briefe und Postkarten halten den Kontakt aufrecht, gewähren Einblicke in das Leben des jeweils anderen. In einem Brief an ihren Mann am 11. September 1939 schreibt sie: »Wenn Du wüsstest wie ich jetzt lebe, das heisst, es war ja nicht mehr viel zu zerstören – kaum vegetieren kann man diesen Zustand nennen, ich glaube ich erhole mich nie mehr davon. Ich spüre es jetzt so stark, weil ich ja nicht imstande bin, mir mehr für ganz kurze Zeit anzugehören, mich zu sammeln. Aber wie soll man das verlangen in dieser Zeit!«[10]

Pläne für eine Übersiedlung nach Paris oder für ein gemeinsames Leben in England scheitern, auch ein Besuch in Paris gelingt nicht, zu schwierig sind Visums- und Einreisebestimmungen, zu unsicher die politische und finanzielle Lage. Hans Prager stirbt 1940 in einem Krankenhaus in Paris, wohl an Hunger und durch Medikamentenmangel. Käthe Braun-Prager erfährt erst einige Monate später von seinem Tod.

In der Emigration, schon über 50 Jahre alt, beginnt Käthe Braun-Prager zunächst zu zeichnen und später auch zu malen. Ihr Bruder schildert, wie sie diese neue Begabung entdeckt: »Eines Tages, da Käthe wieder in das Feuer schaute, gewahrte sie, wie unter den Kohlen ein Stück Holz glänzte. Der Gedanke, ob man etwas damit zeichnen könne, hieß sie es herausnehmen. [...] Es entstanden ihre ersten Blätter: zwei russische Bäuerinnen und eine Pariser Grisette. Ihnen folgten fast täglich neue.«[11]

**51** Bericht über ein Gartenfest mit Käthe Braun-Prager als Ehrengast

eintritt und mich einlädt, mit-
zupfegen auf die Reise – aber
nicht in das gefühllose
Oesterreich –
O wie ich mich davor
ängstige – ärger als vor
der Schule, dem Büro, der
Geisterstunde – O müsste
ich nur nie wieder zurück.
Und welche Angst vor Wi-
wenn ich mit Jehr und
Mama bin – sie sind
nur alles werden – nie
fasse ich die psysische
Stärke meines Herzens,
das so viel Schmerzen
durch ein halbes Jahr-
hundert aushält. –

**52** Tagebucheintrag vom Oktober 1947

**53** Käthe Braun-Prager mit einem ihrer Werke

  Sie arbeitet als Übersetzerin, betreibt Kunstgewerbe, hält Vorträge, die von der BBC London und der Universität Durham übernommen werden, und findet noch Zeit, selbst zu schreiben; dies alles neben ihrer Sorge um das Wohlergehen ihrer Familie. In ihren persönlichen Aufzeichnungen ist zu lesen, wie kräftezehrend für sie das Leben im Exil ist, wie stark seelisches Leiden und Schmerz sie bedrücken, sodass sie manches Mal sogar den Tod herbeisehnt. Viele Ängste plagen sie, vor allem auch die vor der Rückkehr nach Wien. Sie schreibt am 10. Oktober 1947: »Ich habe keinen Ehrgeiz und sehne mich nach Ruhe – nicht nach mehr – aber wie sie erwerben – wenn man sich durchs Leben bringen muss, diese letzten kümmerlichen, freudlosen grausamen, unerbittlich strengen Jahre, in denen man den Tod höchstens ersehnen, aber nicht zwingen darf, der Sünde wegen. Aber es bleibt noch eine Neugier: das auf die Türe schauen und horchen auf das Klopfen – ob er endlich – liebevoll eintritt und mich einlädt, mitzugehen auf die Reise – aber nicht in das gefürchtete Österreich – O wie ich mich davor ängstige – ärger als vor der Schule, dem Büro, der Geisterstunde – O müsste ich nur nie wieder zurück.

[…] – wie wird nur alles werden – wie fasse ich die pysische (sic!) Stärke meines Herzens, das so viel Schmerzen durch ein halbes Jahrhundert aushält.«[12]

Im Jahr 1951 kehrt sie mit ihrem Bruder Felix und ihrer Stiefmutter nach Wien zurück. Viele Jahre vergehen, bis die Familie in Wien wieder richtig Fuß fassen kann. Wieder ist sie gefordert, ohne finanzielle Mittel, verwitwet und in schwierigen Wohnverhältnissen ihr Leben gleichsam wiederzugewinnen.

In den folgenden Jahren werden ihre Bilder in Kollektivausstellungen in Österreich und in anderen Ländern ausgestellt. »Es sind Gedichte, dargestellt durch ein anderes Mittel«[13], beschreibt ihr Bruder ihre Werke.

Käthe Braun-Prager stirbt am 18. Juni 1967 und wird am Ehrenhain des Wiener Zentralfriedhofs begraben.[14] Auf ihrem Grab steht der Grabspruch, den sie 1943 verfasst hat:

Meine Grabschrift
Was ich je gedacht und ausgesprochen, /
Hat mein dünnes Lebensglas zerbrochen,
Was ich nie gesagt, nie aufgeschrieben, /
Ist als Glanz von mir zurückgeblieben.[15]

*Ute Schmidthaler*

1 Braun, Robert: *Abschied vom Wienerwald. Ein Lebensbekenntnis.* Graz 1971, S. 198.
2 Cod. Ser. n. 49945, fol. 48.
3 Autogr. 1443/22-1.
4 Autogr. 1443/22-7.
5 Braun, Felix: Nachwort zu Braun-Prager, Käthe: *Heimat in der Fremde.* Wien 1968, S. 88.
6 Siehe Cod. Ser. n. 53504; 2. Beil. zu Autogr. 1440/36.
7 Autogr. 1443/22-7.
8 Cod. Ser. n. 53502, Blatt 1.
9 Braun, Felix: Nachwort zu Braun-Prager, Käthe: *Heimat in der Fremde*, S. 88–89.
10 Autogr. 1438/26-8.
11 Braun, Felix: Nachwort zu Braun-Prager, Käthe: *Heimat in der Fremde*, S. 93.
12 Cod. Ser. n. 28000, fol. 58f.
13 Braun, Felix: *Die Bilder meiner Schwester;* Cod. Ser. n. 53240, fol. 6.
14 Der Nachlass von Käthe Braun-Prager befindet sich in der Handschriftensammlung der ÖNB, in der Wienbibliothek und im Deutschen Literaturarchiv Marbach.
15 Braun-Prager, Käthe: *Verwandelte Welt. Gedichte, Bilder, Gleichnisse.* Innsbruck 1956, S. 61.

## ROBERT NEUMANN
## »Ihm wurde nichts geschenkt.
## Niemand hat ihn nie nirgendwohin zurückgerufen.
## Man kommt nie zurück.«[1]

**54** »Bessere – Zeiten.« Porträt Robert und Stefanie Neumann

Der am 22. Mai 1897 im neunten Wiener Bezirk geborene Robert Neumann verbrachte seine Kindheit und Jugend in einem sozialdemokratisch geprägten, assimilierten jüdischen Elternhaus.[2] Seine ältere Schwester führte einen literarischen Salon, in dem Franz Werfel, Stefan Zweig und Karl Kraus verkehrten. Robert, inspiriert von diesen Treffen, gab sein Medizinstudium auf und versuchte sich ebenfalls im Schreiben. 1919 erschien ein erster kleiner Band *Gedichte*. Im gleichen Jahr heiratete er Stefanie Grünwald – gegen den Willen beider Eltern.

Da das Ehepaar von Roberts literarischer Tätigkeit nicht leben konnte, war Neumann gezwungen, sich eine bezahlte Tätigkeit zu suchen, und wurde Angestellter eines Bankhauses. Die Lage der Familie wurde prekär, als 1921 Sohn

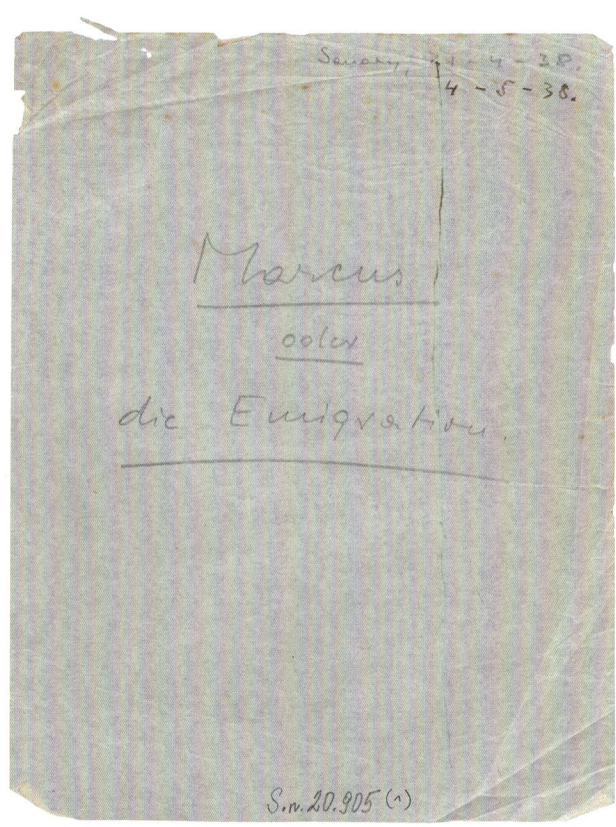

**55** Heinrich Neumann 1938 in Ayton

**56** Robert Neumann, *Marcus oder die Emigration*, Titelblatt

Heinrich zur Welt kam. 1927 konnte Neumann mit dem Werk *Die Pest von Lianora* und dem Parodienband *Mit fremden Federn* reüssieren. Die Parodien waren ein Riesenerfolg, er wurde über Nacht berühmt und finanziell bestens gestellt. Im Mai 1933 wurden Neumanns Werke verboten und verbrannt. Völlig überraschend kam im August vom Londoner Verlag Rich & Cowan das Angebot, eine Biografie über den Waffenhändler Zaharoff zu schreiben. Natürlich nahm Neumann sofort an und begann Englisch zu lernen. »... – die deutschen Leser verloren, Armut starrte mir wieder einmal ins Gesicht...«[3] Ende des Jahres war er wieder in Österreich, wo sich die Lage dramatisch zugespitzt hatte: Der Austrofaschismus regierte das Land. Mit dem fast fertigen Manuskript *Sir Basil Zaharoff: Der König der Waffen* fuhr Neumann im Februar 1934 erneut nach England. Das Buch wurde international ein Erfolg.[4]

Ende Juli 1934 holte Robert Neumann seine Familie nach England. Mit einem gültigen österreichischen Pass konnte er in den folgenden Jahren noch reisen, bis kurz vor dem »Anschluss« war er auch in Wien. Bereits 1936 hatte er in England die Journalistin Franziska Becker kennengelernt, die seine zweite Frau werden sollte. Anfang des Jahres 1938 fuhr er mit ihr nach Paris und ungehindert nach Sanary-sur-mer, wo es eine Art deutsche Kolonie mit Lion Feuchtwanger, Ludwig Marcuse, Heinrich Mann, Franz Werfel und dessen Frau Alma gab. Im Sommer kam Stefanie mit dem 17-jährigen Sohn an die französische Riviera nach.

Der junge Heinrich versuchte sich ebenfalls als Schriftsteller und plante einen Roman *Ten Little Niggers*, in dem es um die Flucht von zehn Burschen und Mädchen aus Wien ging. Motive daraus finden sich später in Robert Neumanns Werk *Children of Vienna* (dt.: *Die Kinder von Wien*). Im Spätherbst kehrte man nach England zurück. Da in Wien das österreichische PEN-Zentrum mit dem Anschluss aufgehört hatte zu existieren, gründete Neumann mit Franz Werfel den österreichischen PEN-Club im Exil. Bis Mai 1945 sollte es das österreichische PEN-Zentrum nur in dieser Form des von Neumann geleiteten österreichischen Exil-PEN in London geben. Im Januar 1946 setzte er sofort Initiativen, den PEN wieder in Wien anzusiedeln.[5]

Bis Ende des Jahres 1938 waren circa 70.000 Flüchtlinge aus Österreich und Deutschland nach England gekommen. Die Briten anerkannten die neuen deutschen Pässe mit einem großen »J« für Juden. Dies hatte zur Folge, dass alle Flüchtlinge als Deutsche geführt wurden. Somit wurden Österreicher, die wie Robert Neumann schon länger in Großbritannien gelebt hatten, zu deutschen Reichsbürgern. 1940 erklärten die Bestimmungen des *Aliens Act* über Nacht alle deutschen Flüchtlinge zu *enemy aliens* – feindlichen Ausländern –, die zudem klassifiziert wurden: Kategorie A: absolut verdächtige Personen, die interniert wurden. Kategorie B: nicht ganz zuverlässige Ausländer, die Beschränkungen unterworfen waren. Nur Kategorie C waren Naziflüchtlinge und Verfolgte.

Robert Neumann wurde im Mai 1940 vor ein »Tribunal« in Aylesbury bestellt. Als erklärter Nazigegner war er überzeugt, keine Probleme zu bekommen. Man stieß sich jedoch an seinem Zusammenleben mit Franziska Becker und warf ihm vor, mit *Zaharoff* ein antibritisches Buch verfasst zu haben. Er wurde in die Kategorie B eingestuft. Es sollte noch schlimmer kommen: Die britische Regierung ordnete die Internierung aller Männer dieser Kategorie an. Bereits einen Tag später wurde Neumann festgenommen und nach Oxford gebracht.[6] Nach zwei Tagen trat er aus Protest in Hungerstreik. In seinem Tagebuch notierte er: »Wie diese Gemeinschaft die Menschen aufs Animalische reduziert. Latrine in kleinen Trupps, die laut zusammengerufen werden. Defäkation ein allgemeines Gesprächsthema, Fressen, Waschen, primitivst.«[7] Zudem durften die Internierten nur kurze Nachrichten versenden:

»Schreiberlaubnis wieder reduziert … wie viel man auf einer Postkarte schreiben kann. Welche Schule für einen Schriftsteller«,[8] kommentierte Neumann sarkastisch. Am 1. Juni wurde er in ein Lager nach Huyton verfrachtet, was er später als »Chaos ohnegleichen« bezeichnen sollte. In der Zeit selbst notierte er: »Durch das Stacheldraht-Höllentor, an den höllischen Stahlhelm-Scheinwerferwachen vorüber – wer hätte gedacht, dass dieses Tor sich schon nach zwei Tagen wieder öffnen würde! Hölle von Huyton – ja, es war die Hölle.«[9]

Neumanns Tagebuch zeigt anschaulich seine persönliche Lage und Betroffenheit sowie die Lebensbedingungen in diesen Lagern. Im Mooragh-Lager bemühten sich die Inhaftierten, ein bisschen Kultur zu leben: So las Neumann vor seinen Mitgefangenen das Marcus-Kapitel aus *An den Wassern von Babylon*, in welchem er das Thema Exil thematisierte. Er selbst vermerkt in seinem Tagebuch dazu: »Grausig unaktuell-überaktuell.«[10]

Auch Neumanns Sohn und Franziska Becker waren in Lager gebracht worden. Gesundheitlich ging es Robert Neumann während seiner Internierungszeit allmählich so schlecht, dass der Lagerarzt am 24. August 1940 empfahl ihn freizulassen.[11] Neumanns Sohn wurde am 4. Oktober entlassen, doch Heinrichs Freiheit sollte nur kurz währen. Aufgrund alter schulischer Beurteilungen wurde er am 15. November verhaftet und in das Gefängnis von Pentonville verbracht, wo er erst im Februar 1941 entlassen werden sollte. Die einzige Möglichkeit, dieser für den jungen Mann entsetzlichen Lage zu entkommen, war, sich freiwillig zum Pioneer Corps der Armee zu melden, das auch »feindliche Ausländer« aufnahm. Genau dies tat er und rückte im Frühjahr 1941 zum Militär ein.

Im Mai 1941 wurde Robert Neumann von Stefanie geschieden und heiratete Franziska Becker. Zu dieser Zeit schrieb er an seinem Roman *Scene in Passing* (dt.: *Tibbs*) und verfasste Beiträge und Drehbücher für die BBC, die aber zumeist abgelehnt wurden.

Ein Todesfall wurde zu Robert Neumanns persönlicher Tragödie: Völlig überraschend verstarb am 22. Februar 1944 sein geliebter Sohn Heinrich Herbert. Der erst 22-Jährige starb innerhalb von zehn Tagen an einer Sepsis im West London Hospital. »Er ist, glaube ich, ohne viel Schmerz gestorben, und ohne Wissen um seinen Zustand, und im ganzen ohne Angst – nach allen Ängsten seines Lebens.«[12] Robert Neumann beschloss, ein Buch über seinen Sohn zu schreiben, unter Verwendung von dessen Tagebüchern, Briefen, Notizen und Schriften. Daraus wurde das *Journal*, betitelt ROBERT NEUMANN *being the Journal and Memoirs of Henry Herbert Neumann edited by his father*, an dem er ab 1. April 1944 täglich arbeitete. Es waren die furchtbarsten Monate in Neumanns Leben.[13]

Robert Neumann hatte im März 1939 seinen ersten Antrag auf Erwerb der britischen Staatsbürgerschaft gestellt. Jedoch erst 1947 gelang es ihm endlich, dieses Dokument zu erhalten. Fünf Bücher Neumanns waren in englischer Übersetzung erschienen, und doch war er in Großbritannien so gut wie unbekannt. In den ersten Jahren schrieb er erfolgreich historische Werke, so *The Queen's Doctor: Being the Strange Story of the Rise and Fall of Struensee: Dictator, Lover and Doctor of Medicine* (1936 London, New York; dt.: *Struensee. Doktor, Diktator, Favorit und armer Sünder*). Diese Geschichte um den Arzt Struensee wurde 2012 in dem Film *Die Königin und der Leibarzt* einem weltweiten Publikum wieder bekannt gemacht. Grundlage des mehrfach ausgezeichneten Filmes war der Bestseller *Der Besuch des Leibarztes* von P. O. Enqvist. Dass diese Geschichte schon der Österreicher Robert Neumann in einem erfolgreichen Roman 1936 publiziert hatte, ist offenbar auch in der anglikanischen Welt vergessen – er wurde in keiner einzigen Aussendung erwähnt.

1937 und 1938 hatte Neumann seinen Roman *By the Waters of Babylon* (dt.: *An den Wassern von Babylon*) verfasst, in dem er sich erstmals mit seiner jüdischen Identität auseinandersetzte. 1944 publizierte er *The Inquest* (dt.: *Bibiana Santis*, dann *Treibgut*), einen Schlüsselroman des Exils. Im Oktober 1946 erschien der Kurzroman *Children of Vienna* (dt.: *Die Kinder von Wien*), den Neumann in nur drei Monaten unter dem Eindruck der Nachrichten, die aus dem zerstörten Europa gekommen waren, verfasst hatte. Er erzählt die Geschichte von elternlosen Kindern, die in Wien in einem Keller nach dem Krieg zu überleben versuchen. Die englische Ausgabe erhielt positive Rezensionen. In Österreich wurde das Werk »in Grund und Boden verdammt«.[14]

**57** Letzter Brief Heinrich Neumanns

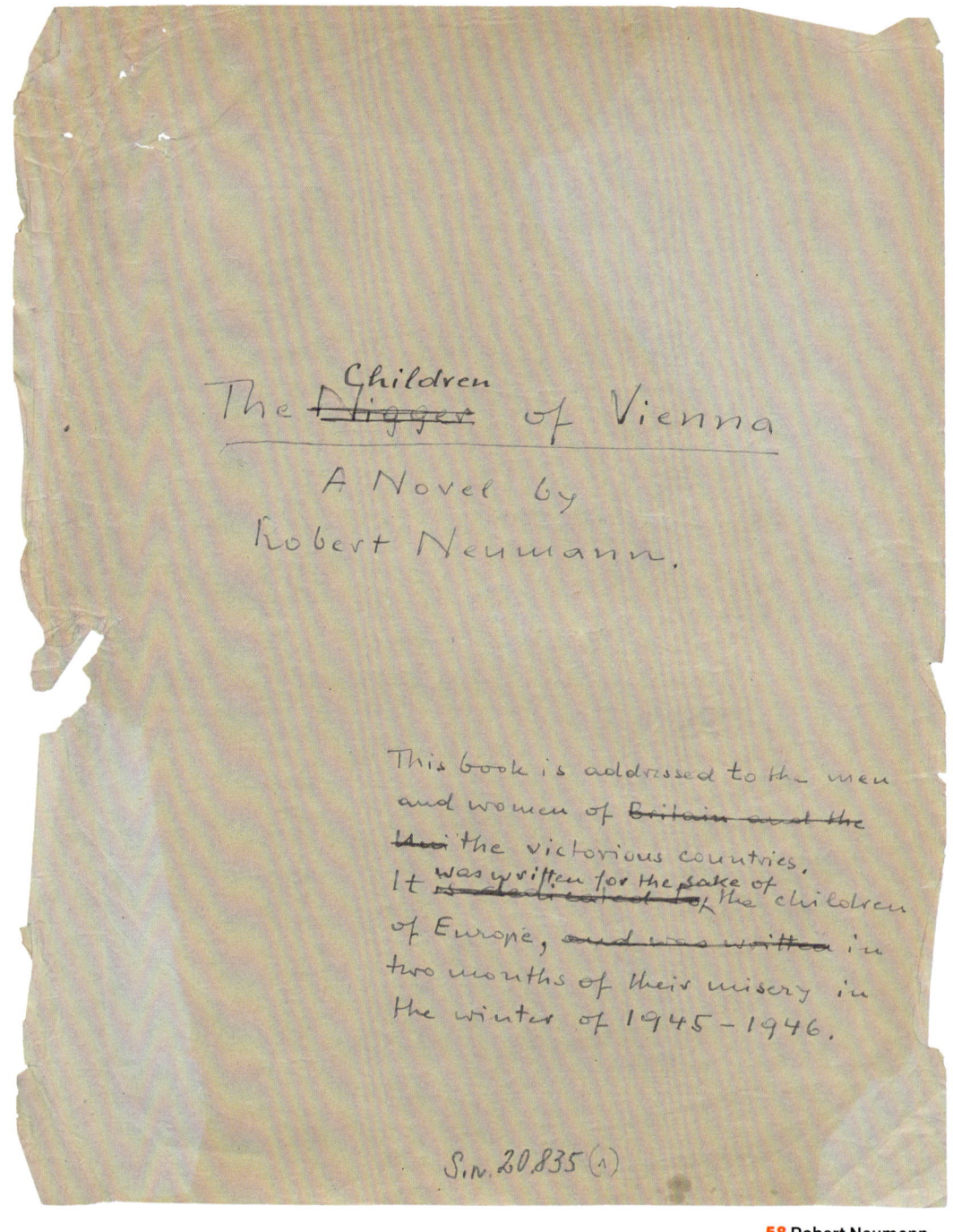

**58** Robert Neumann,
*The Nigger Children of Vienna*, Titelblatt

**59** Robert Neumann
vor dem »Pesthouse«

**60** Robert Neumann an seinem
Schreibtisch sitzend, undatiert

Neumann blieb die nächsten 14 Jahre in England, wo er ein historisch interessantes Haus auf dem Land bezog, das er in seinem Buch *Mein altes Haus in Kent* (1957) verewigte. 1959 übersiedelte er in die Schweiz und verbrachte einen großen Teil seiner Zeit mit dem Kampf gegen jede Art nazistischer Ideologien. Am 3. Januar 1975 nahm er sich in München das Leben.

Robert Neumanns Werke sind vergessen, sie gehören weder zur englischen noch zur österreichischen oder deutschen Literatur. Robert Neumann war tatsächlich in seinem Leben nichts geschenkt worden. Niemand hatte ihn nie nirgendwohin zurückgerufen. Er kam nie zurück.

*Gabriele Mauthe*

1 Neumann, Robert: *Bericht von unterwegs*. München 1976. Cod. ser. n. 52715 und 52716, Blatt 142.
2 *Handbuch österreichischer Autorinnen und Autoren jüdischer Herkunft 18. bis 20. Jahrhundert*. Red. v. Susanne Blumesberger, Gabriele Mauthe, Michael Doppelhofer. München 2002.
3 Neumann, Robert: *Ein leichtes Leben*. Wien 1963, S. 23.
4 Wagener, Hans: *Robert Neumann. Biographie*. München 2007, S. 62; *Einmal Emigrant – immer Emigrant? Der Schriftsteller und Publizist Robert Neumann (1897–1975)*. Hrsg. v. Anne Maximiliane Jäger. München 2006.
5 Wagener: *Neumann*, S. 146ff.
6 Brief Franziska Becker an den Sohn Heini, 16. 5.1940 (DÖW 11.548/2).
7 Neumann, Robert: *Tagebuch aus dem Jahr 1940*, 22. Mai; Cod. ser. n. 21.608.
8 Ebd., 26. Mai 1940.
9 Ebd., 5. Juni 1940.
10 Ebd., 30. Juni 1940.
11 In seiner Autobiografie schildert er die Ereignisse völlig anders.
12 Neumann, Robert: *Tagebuch 1944*, 10. 3.1944; Cod. ser. n. 21.601.
13 Ebd., 22. 5.1944.
14 Siehe Ulrich Weinzierl: »Lust und Laster der Pointe«, Nachwort in Robert Neumann: *Die Kinder von Wien*. Frankfurt 2008, S. 197–235.

## ERICH WOLFGANG KORNGOLD
## »Dass die Freude ausgelöscht wird in der Welt, ertrag' ich nicht!«[1]

Schon sehr früh wurde bei dem 1897 in Brünn geborenen Erich Wolfgang Korngold eine besondere musikalische Begabung entdeckt. Sein Vater, der angesehene und durchaus mächtige Wiener Musikkritiker Julius Korngold, förderte dieses Talent seines Sohnes, indem er ihn bereits im Alter von fünf Jahren zum Klavierunterricht schickte und wenig später bei Robert Fuchs, einem Lehrer von Mahler, Wolf, Schreker, Zemlinsky und Sibelius, in Harmonielehre und Kontrapunkt ausbilden ließ. Im Alter von neun Jahren schrieb Erich die Kantate *Gold*, die nicht nur seinen Vater sehr beeindruckte. Da dieser seinen Sohn für sehr begabt hielt, stellte er Erich dem damaligen Staatsoperndirektor Gustav Mahler vor. Auch dieser war vom überragenden Talent Korngolds überzeugt und empfahl weiterführenden Unterricht beim Komponisten und Dirigenten Alexander Zemlinsky.

**61** Jugendbildnis des dreizehnjährigen Erich Wolfgang Korngold, 15. Oktober 1910

Nachdem schon sehr früh zahlreiche Werke des jungen Erich Wolfgang Korngold, der sogar als Wunderkind bezeichnet wurde, auch außerhalb der Musikmetropole Wien aufgeführt worden waren, wurde 1920, Korngold war gerade 23, seine dritte Oper *Die tote Stadt* sogar an zwei Opernhäusern gleichzeitig uraufgeführt – in Köln unter der Leitung von Otto Klemperer und in Hamburg unter der von Egon Pollack. Welche Wertschätzung dem noch sehr jungen Komponisten entgegengebracht wurde, lässt sich auch an der Äußerung des dreiundsechzigjährigen Giacomo Puccini erahnen: »Er hat so viel Talent, dass er die Hälfte davon abgeben könnte und trotzdem noch genug für sich selbst behielte.«[2] Zu Beginn der 1920er-Jahre war Korngold der meistgespielte österreichisch-deutsche Komponist seiner Zeit.

**62** Tänzerinnen in der von Erich Wolfgang Korngold komponierten Pantomime *Schneemann*, 15. Oktober 1910

**63** Luzi Korngold, seit 1924 mit Erich Wolfgang Korngold verheiratet

**64** Erich Wolfgang Korngold, 1927

Dennoch war diese Nachkriegszeit – geprägt durch die politische Neuorientierung in Österreich und eine schwere Inflation – eine nicht immer leichte Phase im Leben Korngolds, der 1924 heiratete und Vater zweier Söhne wurde. Durch die aggressiven Angriffe seines Vaters auch auf die Doppelführung der Wiener Staatsoper (Richard Strauss und Franz Schalk) wurde Erich die Möglichkeit von Aufführungen oder Dirigaten an der Staatsoper genommen und er musste sich andere Einkommensmöglichkeiten erschließen. So entstand gerade in den Zwanzigerjahren sehr viel Kammermusik, aber auch die äußerst erfolgreichen Operettenbearbeitungen fallen in diese Jahre.

**65** Ausschnitt aus dem Umschlag zu *A Midsummer Night's Dream*, Geschenk Korngolds an Max Reinhardt zu Weihnachten 1937

Erfahrungen mit Musik im Umfeld des Theaters, namentlich mit Regisseuren wie Hubert Marischka und Max Reinhardt in Berlin, Paris und London, führten dazu, dass die UFA-Studios schon 1930 mit der Bitte an Korngold herantraten, Komödien mit Musik zu vertonen.

Auch Max Reinhardt, dem erfolgreichen Theaterregisseur, der sich schon seit der Frühzeit des neuen Mediums Film mit dessen Möglichkeiten beschäftigt hatte, blieb der aufstrebende junge Komponist Korngold nicht verborgen, und nach der sehr erfolgreichen Zusammenarbeit an einem Arrangement der *Fledermaus* lud er ihn ein, seinen ersten (und einzigen) in Hollywood produzierten Film zu vertonen. *A Midsummer Night's Dream* auf der Grundlage von Shakespeares Komödie und auf der Basis von Mendelssohns Schauspielmusik, die von Korngold für den Film adaptiert und dirigiert wurde, entstand 1935.

Während der Film bei der Kritik und dem Publikum keinen besonders großen Anklang fand, da Reinhardt mehr mit den Mitteln des Theaters und zu wenig mit den Möglichkeiten des Films gearbeitet hatte, fand die musikalische Gestaltung durch Korngold ein begeistertes Echo. Seine Arbeit umfasste einerseits die Vergrößerung des bisher verwendeten Klangkörpers von Tanzband-Stärke auf die Größe eines Symphonieorchesters, andererseits aber passte er auch die Musik Mendelssohns durch Hinzufügung von Material in Mendelssohns Stil oder Motiven aus anderen Werken Mendelssohns der Dauer der Szenen des Films an. Korngold arrangierte aber nicht nur die Musik passend zur Handlung, sondern er griff auch umgekehrt in die Textvorlage des Films ein, um die Sprache der Schauspieler dem Rhythmus der Musik anzupassen und so eine größere Einheit und Eindringlichkeit zu erreichen. Er dirigierte sogar – vor der Filmkamera verborgen – die Schauspieler beim Sprechen ihrer Texte, damit ihre Diktion seinen musikalisch-rhythmischen Vorstellungen entsprach.

Schon im August 1935 folgte Korngolds zweite Reise in die USA, wo er in Hollywood die Partitur von *Give Us This Night* erstellen sollte. Noch während der Arbeit an diesem Film erhielt er von Warner Brothers das Angebot, die Musik für den gerade gedrehten Film *Captain Blood* zu schreiben. Korngold war von der Qualität des Films sehr beeindruckt (er sollte der erste einer ganzen Reihe von sehr erfolgreichen Mantel-und-Degen-Filmen mit Errol Flynn werden), sodass er unter Zusicherung weitreichender Freiheiten zusagte und für diesen Film seine erste umfangreiche Originalkomposition für das Kino schuf. Der große Erfolg, der dem Film und namentlich der Filmmusik zuteil wurde, bestätigte Korngolds Wunsch, die Musik immer möglichst nah an der realen Szene zu drehen und auch alle Szenen des Films vor der Komposition ansehen zu können.

Obwohl die Aufträge für das Arrangement und die Komposition von Filmmusik in seiner amerikanischen Zeit die wesentliche Einnahmequelle für Korngold waren, blieb er doch sehr darauf bedacht, nicht als Filmmusikkomponist eingeordnet zu werden. Er sagte selbst dazu: »But the young composer should not write fox trots. He should close his eyes to the films and his ears to the radio. He should simply write serious music, as the masters did: a real, a difficult question today, for writing entertainment music is not composing. […] After all, they are two different things: writing film music, and writing art music. The approach to the one is that of a craftsman, to the other that of an inspired creator.«[3]

Aufgrund dieser inneren Distanz schloss er auch später ausschließlich befristete Verträge mit den Filmfirmen ab, um seine künstlerische Freiheit zu bewahren.

Innerhalb kurzer Zeit entwickelte Korngold einen ganz eigenen Umgang mit Filmmusik, schon in *Anthony Adverse* (1936) verwendete er dieselben musikalischen Mittel wie in seinen Opern, nur hier ohne Gesang. Die Musik begleitet den gesamten Film und selbst die Leitmotivtechnik wird ganz im Wagner'schen Sinne als Erinnerungsmotiv für die Hauptdarsteller eingesetzt. Korngolds Musik für diesen Film erhielt im Jahre 1937 den Oscar für die beste Filmmusik.

**66** Szenenbild der Oper *Die Kathrin* aus einer Aufführung der Wiener Staatsoper in der Volksoper, 1950

Zur Jahresmitte 1937, wieder zurück in Wien, beendete Korngold schließlich die ihm sehr wichtige Arbeit an der Oper *Die Kathrin*, die unter dem stellvertretenden Staatsoperndirektor Bruno Walter uraufgeführt werden sollte. Aus politischen Gründen wurde die Aufführung allerdings immer wieder verzögert und verschoben und schließlich von den Nazis gänzlich verboten. Somit blieb die – ebenfalls seit Jahren verzögerte – Aufführung seines Liederzyklus *Unvergänglichkeit* das für lange Zeit letzte in Österreich komponierte und aufgeführte Werk Korngolds.

Als sich die politische Lage in Österreich zusehends verschlechterte und Korngold aus Hollywood drängende Anfragen für weitere Filmvertonungen erhielt, entschloss er sich kurzfristig, Österreich Ende Januar 1938 zu verlassen. Korngold, seine Frau Luzi und der jüngere Sohn Georg erreichten New York am 3. Februar 1938, also nur fünf Wochen vor dem Einmarsch deutscher Truppen in Österreich und keine zwei Monate, bevor die ersten Transporte von Juden und Gegnern des Nationalsozialismus Wien in Richtung des Konzentrationslagers Dachau verließen. Korngolds Eltern sowie der bei ihnen verbliebene ältere Sohn Ernst konnten Österreich mit dem letzten Zug in die Schweiz verlassen und ebenfalls in die USA immigrieren.

Der Einmarsch deutscher Truppen am 12. März und die Annexion Österreichs führten auch zu einer Konfiszierung des gesamten in Österreich verbliebenen Besitzes von Korngold; dazu gehörten seine Villa in Wien sowie das Schloss Höselberg, seit vielen Jahren ein Rückzugsort für den Komponisten. Insbesondere aber um seine umfangreiche Notenbibliothek sorgte er sich und mithilfe seines Verlegers Weinberger wurde ein Einbruch in die Villa des Komponisten inszeniert, wodurch ein Großteil der Jugendwerke Korngolds gerettet und auf verschlungenen Wegen auch in die USA gebracht werden konnte.

Mit einem sehr vorteilhaften Vertrag mit Warner Brothers ausgerüstet – Korngold konnte sich pro Jahr zwei Filme aussuchen, die er vertonen würde –, war sein Auskommen in Hollywood gesichert. Dies war für die ganze Familie besonders wichtig, da er auf keinerlei Tantiemen für seine Werke in Europa zugreifen konnte, diese in den USA aber nicht gespielt wurden und das Vermögen der Familie in Wien zurückgeblieben und konfisziert worden war. Schon 1938 erhielt er für die Musik zu *Robin Hood* seinen zweiten Oscar, für einen dritten wurde er 1940 nominiert (*The Sea Hawk*). Es blieb ihm also neben der von ihm selbst künstlerisch eher gering geschätzten Filmmusik genügend Zeit, sich auch mit Theater- und Opernmusik sowie Liedkompositionen zu beschäftigen. Die Uraufführung seiner Oper *Die Kathrin*, die schließlich im Oktober 1939 in Stockholm erfolgte und zu der Korngold ungeachtet der politischen Lage fast angereist wäre, war allerdings nicht sehr erfolgreich und wurde auch von antisemitischen Kommentaren überschattet; es kam insgesamt nur zu sieben Aufführungen.

Im Gegensatz zu vielen seiner ebenfalls aus Europa geflohenen Kollegen (genannt seien nur Schönberg, Stravinsky, Bartók und Hindemith) gelang es Korngold, im Exil an seine erfolgreiche Zeit in Europa anzuknüpfen, wenn auch in einem ganz anderen musikalischen Genre.

Im Jahre 1946 beendete Korngold seine Zusammenarbeit mit Hollywood (insgesamt schrieb oder arrangierte er die Musik für 19 Filme), um sich wieder mehr der Komposition autonomer Musik zuzuwenden. Er sagte selbst: »Ich spüre, dass mein 50. Lebensjahr eine Wende mit sich bringt. Ich schaue auf mein Leben zurück und sehe drei Abschnitte. Zuerst das Wunderkind, dann ein erfolgreicher Opernkomponist in Europa bis zur Ankunft Hitlers, und schließlich Filmkomponist. 50 Jahre ist ein hohes Alter für ein Wunderkind. Ich spüre, dass ich mich jetzt entscheiden muss, ob ich nicht für den Rest meiner Tage ein Hollywood-Komponist bleiben will.«[4]

1949 kehrte Korngold schließlich nach Europa zurück, konnte allerdings nicht an seine großen Vorkriegserfolge anknüpfen. Das Publikum zeigte sich wenig interessiert und die Kritik fand seine Werke nicht mehr zeitgemäß, während seine Filmmusik von den »ernsthaften« Musikern nicht für voll genommen wurde. Auch der Kampf um seinen Besitz in Österreich, welcher während der nationalsozialistischen Herrschaft »arisiert« worden war, dürfte ihn zermürbt haben. Enttäuscht zog sich Korngold 1951 in die USA zurück.

Nur einmal sollte er noch nach Europa zurückkehren, 1954, als er das musikalische Arrangement der Verfilmung von Richard Wagners Leben an Originalschauplätzen (*Magic Fire*) übernommen hatte. Gerade weil ihm die Unantastbarkeit der Musik Wagners ein besonderes Anliegen war und hinter seiner Musikauswahl zu den Szenen ein ausgeklügeltes Konzept stand, traf ihn die spätere Entscheidung der Filmproduzenten zu drastischen Kürzungen des fertigen Films (von 150 auf gut 90 Minuten) sehr.

Kurz vor seiner Rückkehr in die USA 1955 kam es noch zu einer Wiederaufnahme von *Die tote Stadt* in München, die zwar vom Publikum enthusiastisch, von der Musikkritik aber vernichtend aufgenommen wurde.

Erich Wolfgang Korngold verstarb 1957 in Kalifornien. Erst seit den 1980er-Jahren ist ein erneutes Interesse an seinen Werken zu beobachten, die nun, mit dem Blick der späteren Generationen, unvoreingenommener beurteilt werden können.

*Marc Strümper*

---

1 Korngold in seiner Oper *Das Wunder der Heliane*.
2 Nach: Du Closel, Amaury: *Erstickte Stimmen: »entartete Musik« im Dritten Reich*. Wien 2010, S. 372.
3 Erich Wolfgang Korngold: »Composing for the Pictures«. In: The Etude Music Magazin, Januar 1937. Interessanterweise ist Korngold in diesem Punkt einer Meinung mit Arnold Schönberg, einem seiner prominentesten Gegenspieler auf dem Gebiet der atonalen Musik. Dieser hatte apodiktisch festgestellt: »Denn wenn es Kunst ist, ist sie nicht für alle, und wenn sie für alle ist, ist es keine Kunst.« In: *Stil und Gedanke*, hrsg. von Ivan Vojtech. Frankfurt am Main 1992, S. 53.
4 Korngold in einem Interview 1946, zitiert nach du Closel: *Erstickte Stimmen*, S. 376.

# HANS GÁL
## *Der Tradition verpflichtet*

Zu den Klischeebildungen, die sich im Schreiben über Neue Musik in Österreich entwickelten, gehört die Ansicht, Neues und Revolutionäres sei ausschließlich Sache der vom Nationalsozialismus geächteten und ins Exil getriebenen Komponistengeneration gewesen, Fortführung der Tradition hingegen ein Charakteristikum der in Deutschland verbliebenen und dem Regime genehmen Tonsetzer. Zwar trifft dies auf einige prominente Exponenten beider Richtungen zu, etwa auf Arnold Schönberg auf der einen und Richard Strauss auf der anderen Seite, doch finden sich auch Gegenbeispiele: Erich Wolfgang Korngold, aus »rassischen« Gründen zum Verlassen seiner Heimat gezwungen, zählte sicherlich nicht zu den radikalen Neutönern, während etwa Anton Webern im Dritten Reich zwar keine Anerkennung erfuhr, aber – erstaunlich genug – dem Nationalsozialismus durchaus positive Seiten zusprach. Zur Gruppe derer, die sich zutiefst dem Gedanken der Tradition verpflichtet fühlten und dennoch Opfer des ideologischen Wahns der Nationalsozialisten wurden, ist zweifellos Hans Gál zu rechnen.

67 Hans Gál, Zeichnung von Leopold Knoll (Repr.)

Gál wurde am 5. August 1890 in Brunn am Gebirge in der Nähe Wiens geboren, wo seine aus Ungarn stammenden Eltern ihren Sommerurlaub verbrachten. Er stammte aus einer Ärztefamilie; sein Vater Josef Gál »kam als Student nach Wien und wurde Doktor der Medizin. Es war eine Mittelstandsfamilie«[1]. Die musikalische Begabung des Knaben wurde bereits früh von seiner Tante, der Sopranistin Jenny Fleischer-Alt, entdeckt. Er erhielt Klavierunterricht und wurde 1905 Schüler Richard Roberts, aus dessen Schule später auch Clara Haskil und Rudolf Serkin hervorgingen. Früh wurde auch seine pädagogische Befähigung erkennbar; bereits im Alter von 14 Jahren gab

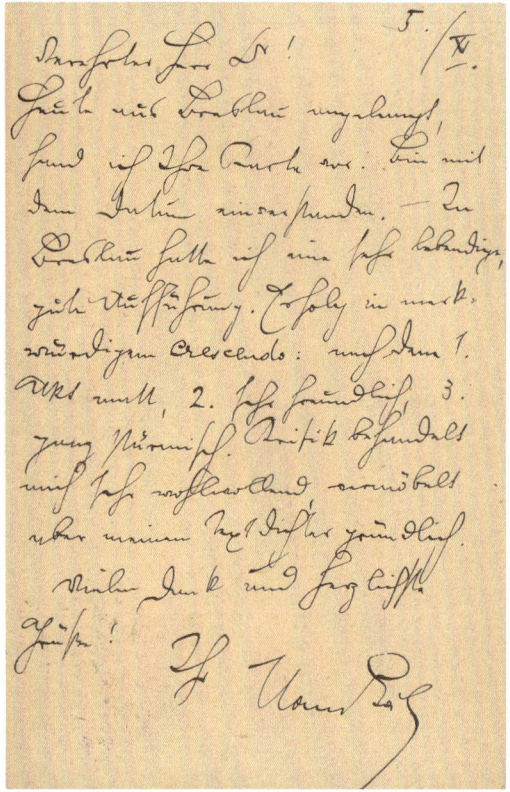

**68** Karte an Richard Stöhr, 5. November 1919

er Erna, der jüngsten seiner drei Schwestern, Klavierunterricht. Richard Robert wurde 1909 Direktor des Neuen Wiener Konservatoriums und nahm Gál als jungen Lehrer mit: »[…] dort unterrichtete ich Klavier, Harmonielehre und Kontrapunkt, ich hatte einen vollen Stundenplan und es gab keinen Tag mit weniger als zehn Stunden Arbeit, neben dem Komponieren.« Bedeutsam wurde die Bekanntschaft mit Eusebius Mandyczewski, der dem engsten Kreis um Johannes Brahms angehört hatte. Gál nahm bei ihm Unterricht und komponierte eine Vielzahl von Liedern und Klavierstücken, die er in selbstkritischem Rückblick jedoch verwarf.

Die Absicht, Korrepetitor an einem Theater oder einem Opernhaus zu werden, stieß auf die Ablehnung seines Vaters und so entschloss sich Gál zur Fortsetzung seiner Studien; er inskribierte Musikwissenschaft bei Guido Adler an der Universität Wien und beendete das Studium 1913 mit der Doktorarbeit »Die Stileigentümlichkeiten des jungen Beethoven und ihr Zusammenhang mit dem Stil seiner Reife«. Inzwischen hatte sich der politische Horizont verdüstert, 1914 brach der Erste Weltkrieg aus. Gál diente ab 1915 in der k. u. k. Armee, setzte jedoch seine Kompositionstätigkeit ungebrochen fort. Er schrieb eine Symphonie, die mit dem Staatspreis für Komposition ausgezeichnet wurde, andere Werke für Orchester und auch eine Oper; 1915 gab man im Musikverein ein reines Gál-Konzert, darunter ein Quintett für Klavier und Blasinstrumente, ein Klaviertrio und Vokalwerke. Die Versetzung von der Front in den Verwaltungsbereich sah der Komponist mit selbstkritischem Humor: »Mit meinen schlechten Augen wurde ich bald von der kämpfenden Truppe abgezogen. Mein Gewehr schien zu gefährlich für unsere eigenen Leute.« Unter den Werken dieser Zeit, die er auch später gelten ließ, befinden sich die Kantate *Von ewiger Freude* (1912), die er als sein Opus 1 herausgab, und die humoristischen *Variationen über eine Wiener Heurigenmelodie*, die erst nach dem Krieg erschienen.

Trotz des Erfolgs seiner Oper *Der Arzt der Sobeide*, 1919 in Breslau uraufgeführt, waren Gáls Lebensverhältnisse in diesen Jahren äußerst angespannt; zwar bekleidete er den ehrenvollen Posten eines Lektors für Musiktheorie an der Universität Wien (auch Anton Bruckner hatte diese Stellung innegehabt), doch war dafür zunächst kein Gehalt vorgesehen. Als Komponist für Begleitmusik an der Neuen Wiener Bühne sorgte er für seinen Lebensunterhalt, fand aber dennoch Zeit, sich seinen »eigentlichen« Werken zu widmen. 1921/22 entstand die Oper *Die heilige Ente* (über eine chinesische Vorlage), die sein Freund Georg Szell 1923 in Düsseldorf herausbrachte und die so große Breitenwirkung erzielte, dass Gál – er hatte 1922 geheiratet – in den Folgejahren nicht mehr unter materiellen Problemen zu leiden hatte. *Die heilige Ente* wurde von insgesamt 20 Opernhäusern gespielt und 1929 als erste moderne Oper von der RAVAG, der österreichischen Rundfunkanstalt, gesendet. Im gleichen Jahr erfolgte ein Karrieresprung: Gál wurde Direktor des Städtischen Konservatoriums in Mainz. Eine Phase der Erfolge und Anerkennungen schien sich anzubahnen, die Oper *Das Lied der Nacht* (eine Variation der Turandot-Thematik) hatte 1926 große Wirkung erzielt und das Singspiel *Die beiden Klaas* sollte 1933 als Doppelpremiere in Hamburg und Dresden vorgestellt werden. Doch mit der Machtergreifung der Nationalsozialisten im Januar 1933 wurden diese Pläne zunichtegemacht. Am 29. März 1933 erhielt Gál eine knappe und scharfe Botschaft des Mainzer Bürgermeisters: »Ich entlasse Sie mit sofortiger Wirkung.«

Zunächst hoffte Gál, sein Kriegsdienst im Ersten Weltkrieg werde ihm den Verbleib in seiner Stellung ermöglichen, doch bald musste er die Aussichtslosigkeit solcher Bemühungen erkennen. Er übersiedelte in seine Heimatstadt Wien und baute sich eine neue Existenz auf. Eine ernste, prophetische Kantate entstand in diesen Jahren: *De Profundis* (op. 50); sie ist dem »Andenken dieser Zeit, ihres Elends und ihrer Opfer« gewidmet. In Wien herrschte nicht die Liberalität des Deutschlands der Zwanzigerjahre, und die Oper *Die beiden Klaas* wurde trotz Befürwortung durch Bruno Walter von der Wiener Staatsoper abgelehnt, weil man die Satire auf kleinbürgerliche Sexualmoral als zu gewagt empfand. Die Bedrohung durch den nahenden »Anschluss« 1938 wurde von der Familie Gál sehr ernst genommen: Bereits drei Tage vor dem Einmarsch deutscher Truppen verließ Hanna Gál Österreich, um ihrer Familie die Flucht zu ermöglichen, die im August des Jahres mit dem Eintreffen der beiden Söhne Franz und Peter in London abgeschlossen war.

**69** *Huyton Suite for Flute and 2 Violins*, 1948

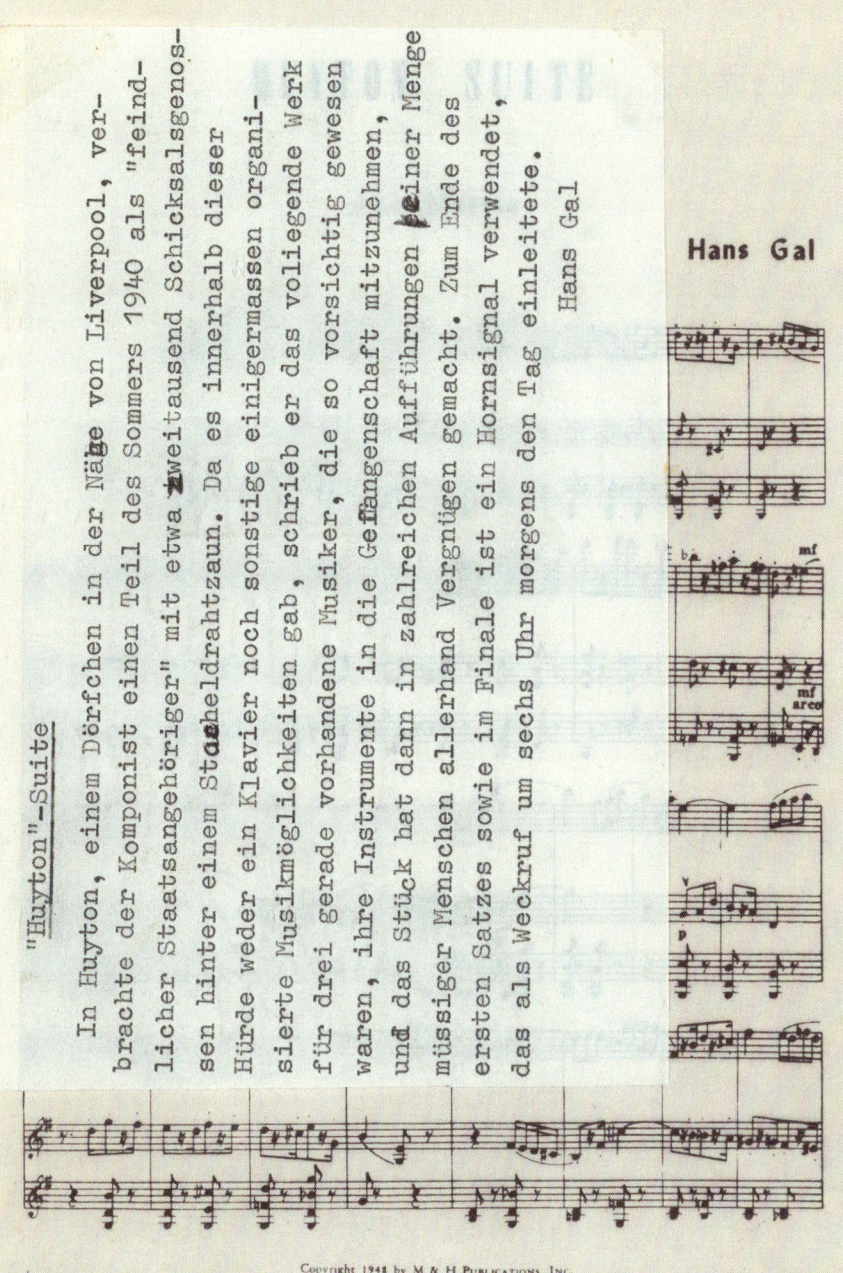

"Huyton"-Suite

In Huyton, einem Dörfchen in der Nähe von Liverpool, verbrachte der Komponist einen Teil des Sommers 1940 als "feindlicher Staatsangehöriger" mit etwa zweitausend Schicksalsgenossen hinter einem Stacheldrahtzaun. Da es innerhalb dieser Hürde weder ein Klavier noch sonstige einigermassen organisierte Musikmöglichkeiten gab, schrieb er das vorliegende Werk für drei gerade vorhandene Musiker, die so vorsichtig gewesen waren, ihre Instrumente in die Gefangenschaft mitzunehmen, und das Stück hat dann in zahlreichen Aufführungen keiner Menge müssiger Menschen allerhand Vergnügen gemacht. Zum Ende des ersten Satzes sowie im Finale ist ein Hornsignal verwendet, das als Weckruf um sechs Uhr morgens den Tag einleitete.

Hans Gal

**70** *Huyton Suite for Flute and 2 Violins,* 1948, mit biografischer Notiz

Über die erste Zeit des Exils in Großbritannien berichtet Gál selbst: »Eigentlich wollten wir nach Amerika auswandern. Nach Großbritannien sind wir nur gekommen, weil wir hier Freunde hatten.« Auf Empfehlung von Donald Francis Tovey reisten die Gáls nach Edinburgh, doch nach Ausbruch des Zweiten Weltkrieges (September 1939) mussten sie feststellen, dass man in Großbritannien keinen Unterschied zwischen Anhängern und Opfern des Dritten Reiches machte: Sie wurden gleichermaßen als »feindliche Ausländer« eingestuft und interniert. Hans Gál verbrachte Monate der Internierung auf der Isle of Man (wie auch Egon Wellesz) sowie in Huyton, wo er als Komponist aus der Not eine Tugend machte: Drei mitinternierte Musiker hatten ihre Instrumente mitgebracht und somit standen zwei Violinen und eine Flöte zur Verfügung. Gál schrieb für diese ungewöhnliche Besetzung die *Huyton Suite*, die einige Jahre später auch gedruckt wurde.

Noch schwerer als diese kriegsbedingten Schwierigkeiten wog ein Schicksalsschlag, der die Familie traf: Peter, der jüngere Sohn, war den anhaltenden Belastungen nicht gewachsen und beging 1942 Selbstmord. Zu dieser Zeit lebte Gál mit seiner Familie bereits in Edinburgh und diese Stadt sollte bis zum Ende seines Lebens seine Heimstätte bleiben. Seine Frau Hanna wurde Haushälterin bei Sir Herbert Grierson, einem pensionierten Professor für englische Literatur, der der ganzen Familie eine Unterkunft zur Verfügung stellte. Die Berufung Hans Gáls an die Universität Edinburgh 1945 sorgte für eine Stabilisierung in beruflicher und finanzieller Hinsicht.

Nach dem Ende des Zweiten Weltkriegs wurde Gál ein Lehrposten in Österreich angeboten; er lehnte jedoch ab, da er keine weitere Übersiedlung auf sich nehmen wollte. Seiner Heimat blieb er jedoch, über alle Krisen und Enttäuschungen hinweg, verbunden und 1948 veröffentlichte er die musikhistorische Abhandlung *The Golden Age of Vienna*, eine kurzgefasste Musikgeschichte Wiens. Der Erfolg dieses Buches motivierte ihn zu einer Reihe von Monografien, die im Verlauf der folgenden Jahrzehnte erschienen: über Johannes Brahms (1961), Richard Wagner (1963), Franz Schubert (1970) und Giuseppe Verdi (1975). Auch der Komponist Hans Gál blieb während des Krieges und danach aktiv; 1942 begann er mit der Komposition seiner zweiten Symphonie, der noch zwei weitere folgten. Ein Konzert für Cello (1944) und eines für Klavier (1948) zeigen ihn ebenfalls als Orchesterkomponisten und 1955 entstand ein Vokalwerk, das dem ernsten Ton von *De Profundis* (entstanden in den Dreißigerjahren) eine zukunftsfreudige, optimistische Note entgegensetzte: *Lebenskreise* (op. 70) nach Texten von Goethe und Hölderlin. Im Alter

24./III. 47

Mein lieber Richard Maux!

Es war mir eine herzliche Freude, wieder von Ihnen zu hören. Als ich Dr. Wiefler mit seinen Kümmernissen an Sie verwies, der vermutlich alle seine Sorgen und Probleme der Schulmusik seit vielen Jahren soweit gelöst hat als sie lösbar sind, hatte ich gehofft, von Ihnen in irgendeiner Form Nachricht zu bekommen. Ich freue mich zu hören, daß Sie gesund und an der Arbeit sind, namentlich an der produktiven; und ich bitte Sie, den Ausdruck meiner herzlichsten Teilnahme für den schmerzlichen Verlust entgegenzunehmen, den Sie erlitten haben.

Mir und den Meinigen geht es soweit gut, wir leben hier seit neun Jahren und sind eingewöhnt, so gut man es in der Fremde eben werden kann, wenn man über die Mitte des Lebens hinaus ist. Meine Lehrtätigkeit an der Universität ist recht befriedigend, denn was wir tun ist nicht Musikwissenschaft (die mich im Grunde niemals interessiert hat), sondern Musik im praktischesten Sinn. Darum ist das Studentenmaterial auch im Durchschnitt begabter, als das bei uns daheim der Fall war; echtes, bedeutendes Talent ist freilich ebenso selten wie überall.

Was an vielen Schulen hier geleistet wird- es gibt keinen Einheitslehrplan und alles hängt von der individuellen Schulleitung

fühlte sich Gál mehr zur Kammermusik hingezogen. Mehrmals deklarierte er, wegen seines hohen Alters die Komponistenwerkstatt nunmehr schließen zu wollen, doch immer wieder wurde er sich »untreu«; so schrieb er noch im Alter von 92 Jahren eine Sonate und eine Suite für Violoncello solo. Der Komponist starb am 3. Oktober 1987 an Krebs.

In einem Interview, das Gál 1971 – im Alter von 81 Jahren – gab, wurden einige grundsätzliche Orientierungen seines Musikerlebens angesprochen, darunter die Frage, ob er sich je einer »Gruppe« angeschlossen habe: »Ich hatte viele Freunde unter Komponisten, in Wien sowie in Deutschland. Aber ich habe nie jemanden gefunden, mit dem ich hinsichtlich zentraler Grundprinzipien übereingestimmt hätte.« Eines dieser zentralen Grundprinzipien war für Gál zweifellos die Tonalität, deren Aufgabe rings um ihn zum Kriterium für Fortschrittsbewusstsein und Zeitgemäßheit geworden war, was ihn aber nicht zur Änderung seines Standpunktes animieren konnte: »An Tonalität glaube ich in dem Maße, in dem ich etwa an die Erdanziehungskraft glaube: Sie gehört zu meiner musikalischen Konstitution, und ich kann mir Musik ohne Tonalität nicht vorstellen.«

Für die Aufarbeitung des Themenkomplexes »Musik im Nationalsozialismus« gab Gál einen wichtigen Impuls – allerdings ohne dies zu wissen. Amaury du Closel, der dieser Thematik ein umfangreiches Werk[2] widmete, erinnerte sich des Schamgefühles, das ihn 1982 nach einem Gespräch mit Gál erfüllte; Closel hatte den Komponisten ahnungslos gefragt: »Wann sind Sie nach Schottland gekommen? Ach ja, vor vierzig Jahren schon, wie interessant!«[3]

*Thomas Leibnitz*

---

1 Gál, Hans: *A Conversation with Martin J. Anderson*. Journal of the British Music Society, Bd. 9 (1987), S. 33. In: Haas, Michael u. Patka, Marcus G. (Hg.): *Hans Gál und Egon Wellesz. Continental Britons*. Wien 2004. Die folgenden Zitate Hans Gáls entstammen sämtlich dieser Quelle.
2 Du Closel, Amaury: *Erstickte Stimmen. »Entartete Musik« im Dritten Reich*. Wien 2010.
3 Luehrs-Kaiser, Kai: »Als Strauss nach Theresienstadt fuhr. Amaury du Closel entdeckt Leichen im Keller der deutschen Musikologie«. In: *Die Welt*, 28.8.2010.

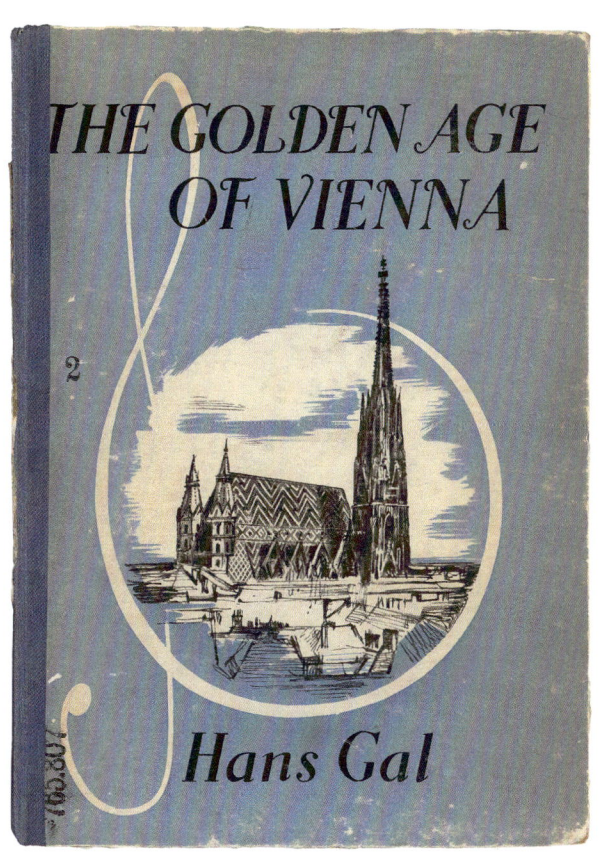

**72** *The Golden Age of Vienna*, London 1948

**73** Kanon mit Vergrößerung und doppelter Vergrößerung, 1962

# EGON WELLESZ
## »Er trug schwer an dem Verlust der Heimat«

74 Egon Wellesz, um 1930

»Ich lebe nun fünfzehn Jahre in Oxford. Und wenn ich darüber Rechenschaft ablegen sollte, ob die Verpflanzung in eine Welt, so verschieden von jener, in der ich gewohnt war zu leben und zu wirken, meinem Schaffen förderlich gewesen ist, so möchte ich sagen: sie war es, trotz all der Schwierigkeiten, welche diese tragischen Jahre mit sich brachten.«[1]

Der Lebensweg von Egon Wellesz gestaltete sich zunächst durchaus traditionell. Er wurde am 21. Oktober 1885 in Wien als Sohn einer wohlsituierten Familie geboren und begann, dem Wunsch des Vaters folgend, für eine zukünftige Karriere im Staatsdienst mit dem Studium an der juridischen Fakultät. Bald jedoch setzte er seinen Wunsch durch, Musiker zu werden. 1905 wechselte er von Jus zum Studienfach Musikwissenschaft bei Guido Adler, gleichzeitig studierte er bei Arnold Schönberg Harmonielehre und Kontrapunkt. 1908 schloss er sein Universitätsstudium »summa cum laude« mit einer Dissertation über den Gluck-Zeitgenossen Giuseppe Bonno ab. Im selben Jahr heiratete er die Kunsthistorikerin Emmy Stross. Als Musikwissenschaftler widmete er sich weiterhin der Musik des Barock und der venezianischen Oper, habilitierte sich 1913 mit einer Arbeit über »Cavalli und der Stil der venezianischen Oper« und wurde 1929 außerordentlicher Professor an der Universität Wien.

Die Ereignisse des Ersten Weltkriegs brachten es mit sich, dass sich Wellesz ab 1915 der byzantinischen Kirchenmusik zuwandte, er beschäftigte sich mit dem Zusammenhang zwischen westlicher und östlicher Musik sowie der Entzifferung der Notation. Wellesz trat in regen Briefwechsel mit Henry Tillyard und Carsten Høeg. 1918 lernte er Hugo von Hofmannsthal kennen, mit dem sich eine enge künstlerische Verbindung entwickelte.

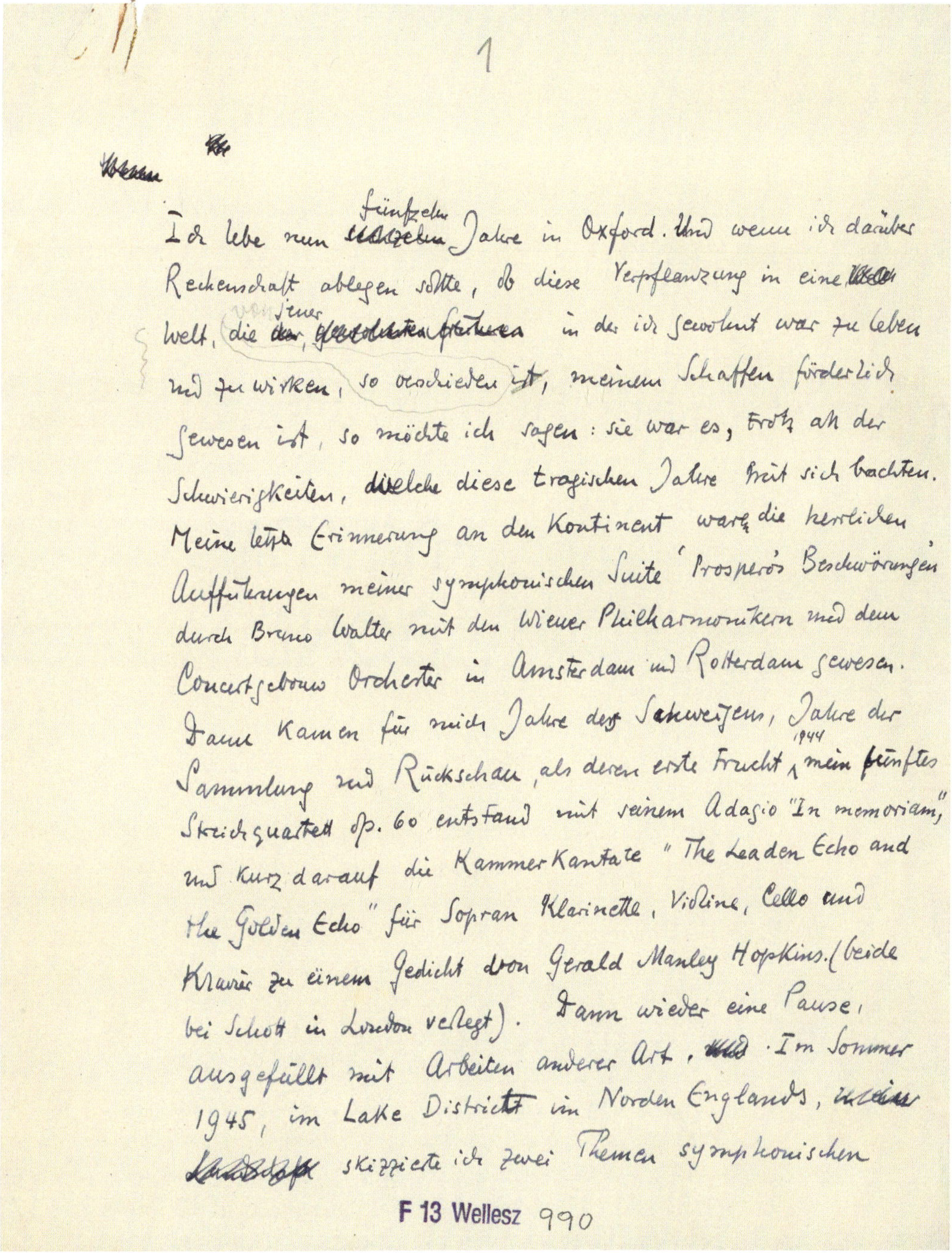

1

Ich lebe nun fünfzehn Jahre in Oxford. Und wenn ich darüber Rechenschaft ablegen sollte, ob diese Verpflanzung in eine Welt, die von jener in der ich gewohnt war zu leben und zu wirken, so verschieden ist, meinem Schaffen förderlich gewesen ist, so möchte ich sagen: sie war es, trotz all der Schwierigkeiten, welche diese tragischen Jahre mit sich brachten. Meine letzte Erinnerung an den Kontinent war die herrlichen Aufführungen meiner symphonischen Suite "Prospero's Beschwörungen" durch Bruno Walter mit den Wiener Philharmonikern und dem Concertgebouw Orchester in Amsterdam und Rotterdam gewesen. Dann kamen für mich Jahre des Schweigens, Jahre der Sammlung und Rückschau, als deren erste Frucht, 1944, mein fünftes Streichquartett op. 60 entstand mit seinem Adagio "In memoriam", und kurz darauf die Kammerkantate "The Leaden Echo and the Golden Echo" für Sopran, Klarinette, Violine, Cello und Klavier zu einem Gedicht von Gerald Manley Hopkins. (beide bei Schott in London verlegt). Dann wieder eine Pause, ausgefüllt mit Arbeiten anderer Art. Im Sommer 1945, im Lake District im Norden Englands, skizzierte ich zwei Themen symphonischen

F 13 Wellesz 990

**75** Egon Wellesz über sein Leben in England

**76** Henry Cope Colles, Egon Wellesz, Edward Joseph Dent, Oxford, 10. Mai 1932

Wellesz pflegte schon früh Kontakte zu England. 1906 reiste er erstmals nach Cambridge, wo er einen Zyklus von Vorlesungen über englische Literatur besuchte und gleichzeitig das musikalische Leben Englands kennenlernte. 1911 nahm er am Kongress der Internationalen Musikgesellschaft in London teil.[2] 1922 gründeten 24 Komponisten, unter ihnen Webern, Bartók, Hindemith, Honegger, Kodály, Milhaud, Wellesz, in Salzburg eine »Internationale Gesellschaft für Neue Musik«, die sich 1923 in London als Dachverband konstituierte.

1932 wurde ihm, als erstem österreichischen Musiker nach Joseph Haydn, für seine herausragenden wissenschaftlichen Leistungen das Ehrendoktorat der Universität Oxford verliehen. Als Dank widmete er der Universität seine 1931 entstandene Kantate *Mitte des Lebens*. 1933 hielt er in London eine Vortragsreihe über Geschichte und Ästhetik der Oper und nahm an einem Kongress in Cambridge teil.

Als Komponist stand Wellesz zunächst unter dem Einfluss von Anton Bruckner und Gustav Mahler, bevor er sich auf Anregung von Schönberg und Anton Webern einer expressiv-gestischen Tonsprache zuwandte. Bald konnte er sich in Österreich als Komponist etablieren: »Zu Beginn des Jahres 1938 hatte ich erreicht, was sich ein österreichischer Musiker immer als das Ziel seiner Wünsche erträumt hat: die Aufführung einer Oper *Die Bakchantinnen* an der Wiener Staatsoper, einer Messe an der Hofkapelle, eines symphonischen Werkes *Prosperos Beschwörungen* unter B. Walter mit den Wiener Philharmonikern. Dann kam der Umsturz.«[3]

Obwohl eigentlich ein unpolitischer Mensch, hatte sich Wellesz »unter dem Eindruck der Geschehnisse in Deutschland dem vorwiegend aus Universitätsprofessoren bestehenden antinationalsozialistischen und proösterreichischen ›Reichsbund Österreich‹ angeschlossen, dessen Vizepräsident er war«.[4] Wellesz als Monarchist und Anhänger des Ständestaates sowie konvertierter Jude wäre wie viele seiner Gesinnungsgenossen der Verfolgung ausgesetzt gewesen. Bereits am 17. März 1938 wurde sein Haus im Kaasgra-

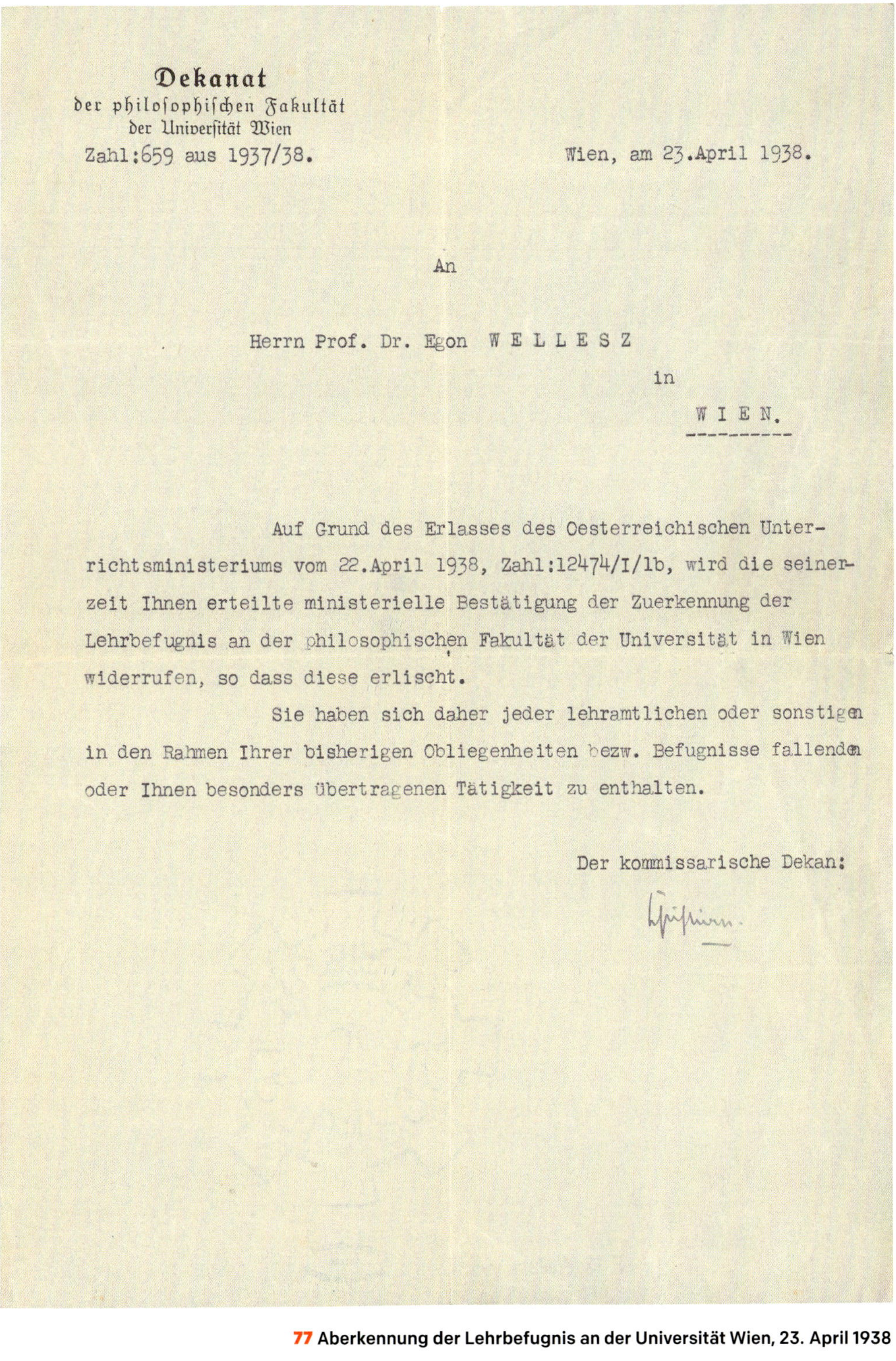

**Dekanat**
der philosophischen Fakultät
der Universität Wien

Zahl: 659 aus 1937/38.                 Wien, am 23. April 1938.

An

Herrn Prof. Dr. Egon W E L L E S Z

in

W I E N.
----------

      Auf Grund des Erlasses des Oesterreichischen Unterrichtsministeriums vom 22. April 1938, Zahl: 12474/I/1b, wird die seinerzeit Ihnen erteilte ministerielle Bestätigung der Zuerkennung der Lehrbefugnis an der philosophischen Fakultät der Universität in Wien widerrufen, so dass diese erlischt.

      Sie haben sich daher jeder lehramtlichen oder sonstigen in den Rahmen Ihrer bisherigen Obliegenheiten bezw. Befugnisse fallenden oder Ihnen besonders übertragenen Tätigkeit zu enthalten.

                                       Der kommissarische Dekan:

**77** Aberkennung der Lehrbefugnis an der Universität Wien, 23. April 1938

ben von der Gestapo durchsucht. Am 23. April wurde ihm die Lehrbefugnis an der Universität Wien entzogen. 1941 wurde dem Ehepaar Wellesz die deutsche Staatsbürgerschaft aberkannt – was die Beschlagnahmung des Vermögens zur Folge hatte – sowie beiden der Doktortitel.

Kurz zuvor konnte Wellesz noch einen großen persönlichen Erfolg in Wien feiern. Aus der intensiven Beschäftigung mit Shakespeares *Sturm* entstanden fünf symphonische Stücke mit dem Titel *Prosperos Beschwörungen*. 1934 bis 1936 in Altaussee und Wien komponiert, fand die Uraufführung dieses Werkes am 19. und 20. Februar 1938 mit den Wiener Philharmonikern unter der Leitung von Bruno Walter statt. »Wellesz hat in zäher Arbeit an sich selbst eine eigene Tonsprache gefunden. Das Persönliche dieser Tonsprache liegt in einer Melodik von feinster Sensibilität«, schrieb das *Neue Wiener Journal*.[5]

Auf Ersuchen Bruno Walters wurde am 13. März 1938 im Abonnementkonzert des Concertgebouworkest Amsterdam statt *Tod und Verklärung* von Richard Strauss die Symphonische Suite *Prosperos Beschwörungen* auf das Programm gesetzt. Wellesz reiste mit kleinem Gepäck nach Amsterdam und weiter nach Rotterdam, wo am 16. März die zweite Aufführung von *Prosperos Beschwörungen* stattfand. Somit erlebte er den »Anschluss« Österreichs im Ausland und konnte von holländischen Freunden zurückgehalten werden, nach Wien zurückzureisen. Dort erreichte ihn die Einladung des Musikhistorikers Henry Colles, wie Emmy Wellesz berichtete: »Nach wenigen Tagen erhielt E.W. von Harry Colles eine Einladung, nach London zu kommen, um an einer Neuausgabe von *Grove's Dictionary of Music* mitzuarbeiten. Dieser Auftrag, der als Vorwand diente, um E.W.'s Einreise nach England zu rechtfertigen, verschaffte ihm gleichzeitig eine Beschäftigung, die ihm half, die schwere Beängstigung dieser Tage ein wenig zu mildern. E.W. war gerührt, dass Colles ihm einen Schreibtisch in seinem eigenen Arbeitszimmer eingeräumt hatte, damit er sich heimisch fühle. Colles war es auch, der E.W. am Flugplatz erwartet hatte, zugleich mit einem befreundeten hohen Ministerialbeamten, der bewirkte, dass die auf befristete Zeit lautende Einreiseerlaubnis sogleich in eine ständige Aufenthaltsbewilligung umgewandelt wurde.«[6]

Am 24. März 1938 traf Wellesz in England ein. »Ich will von den ersten Monaten nicht sprechen. Ich konnte sofort meine Tätigkeit als Mitherausgeber von *Grove's Dictionary of Music* neben meinem Freund Dr. Colles beginnen; aber es dauerte lange, bis ich die Erschütterung durch die Ereignisse der letzten Ereignisse überwunden hatte.«[7]

**78** Egon Wellesz, *Prosperos Beschwörungen*

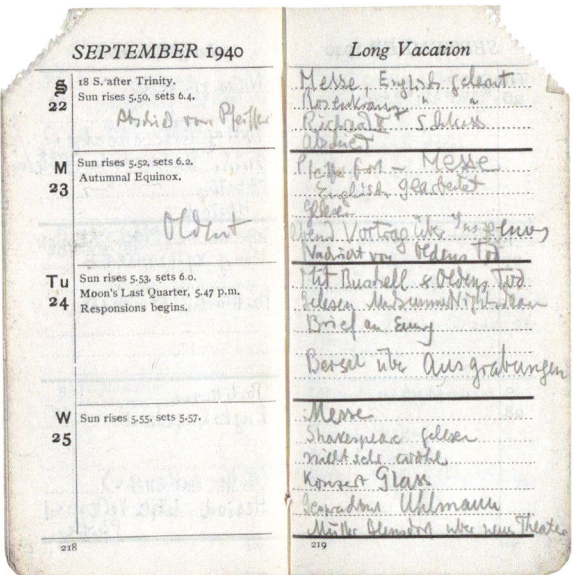

**79** Oxford University Pocket Diary 1939–1940

Wellesz ließ sich in Oxford nieder und konnte im Juli 1938 seine Familie nach England holen.

»So schwer es war, sich in die neuen Verhältnisse einzugewöhnen und in einer Sprache, die man nur unvollkommen beherrschte, Vorträge zu halten und zu schreiben, so hoffnungsvoll schien alles durch die Freundlichkeit der Aufnahme, die uns zuteil wurde. Der Ausbruch des Krieges, die erneute Unsicherheit der Existenz, die Sorge um die alten und neuen Freunde schufen einen Seelenzustand, der schwer zu schildern ist und die Schaffenskraft vorerst lähmte. Ich blieb an meinem Schreibtisch bis tief in die Nacht hinein ...«[8]

Mit dem Beginn des Zweiten Weltkriegs und aus Furcht vor einer deutschen Invasion änderte Großbritannien sein Verhalten gegenüber den aus Europa gekommenen Flüchtlingen. In drei Kategorien eingeteilt, wurden die »feindlichen« deutschen und österreichischen Ausländer schließlich verhaftet. Die meist nur wenige Monate dauernde Lagerhaft bedeutete für die Betroffenen schwere Demütigung und psychische Belastung. Egon Wellesz war vom 5. Juli bis 13. Oktober 1940 im Hutchinson Camp, einem von elf Lagern auf der Isle of Man, interniert, wo er sich der Lektüre, Spaziergängen am Strand und der Lager-Universität widmete. Trotzdem wirkte sich das Lagerleben belastend aus, wie aus Bemerkungen in seinem Kalender zu entnehmen ist: »Nervenzusammenbruch«, »Depression«.

Er kehrte dann wieder auf seinen Lehrstuhl in Oxford zurück und wurde 1944 als »University Lecturer in the History of Music« an die Universität berufen. Am Lincoln College wurde er zu einem beliebten und geschätzten Lehrer. Damit war ihm die rasche berufliche und gesellschaftliche Integration gelungen.

»Er trug schwer an dem Verlust der Heimat – ihm schwindelte, als hätte er den Boden unter den Füßen verloren«, schrieb Emmy Wellesz in ihren Erinnerungen.[9] Trotzdem fand Wellesz in England eine Heimat, und gerade die Atmosphäre der Universitätsstadt Oxford dürfte ihm für sein weiteres wissenschaftliches Leben sehr entgegengekommen sein, wie er selbst bemerkte: »Oxford ist in England, aber es ist mehr als eine Universität in England; es ist

11. July

Dearest Emmy, This is the 1st letter from a transitory Camp. The essential: I am perfectly all right. Our Oxford group is always together and this is a great help for me and cheering us up. I am mostly together with Jacobstal and Maas, we also have nice young undergraduates. The experience to be not free was hard in the beginning. Warth Mill is a disused Cotton Mill and conditions far from being comfortable, but this is only for short time and we do overcome the inconveniences quite good. Cooking good Viennese quality. — The experience of these days may prove valuable in future, as the spirit remains untouched and also my good humour comes back. There are so many young boys, who need comfort and guidance, as they have gone through incredible hardship and this is a task. The day passes with routine work, bedding, fetching food, washing, making short walks and with excellent talks. I am surrounded by young Viennese men, who do everything to make life easy for me. We are at present all Oxonians in one great hall with many other people, but we do not mind, as we hope, that this state and the whole internment won't last too long. May God bring us together again very soon. With loving thoughts towards Lisi and yourself. Yours affectionately

Egon (Wellesz)

SENDER'S NAME:—
Egon J. WELLESZ M.A. Hon. Mus. Doc.
43943
Warth Mill Internment Camp
c/o The Chief Postal Censor
Great Britain

P.C. 6
OPENED BY CENS[OR]

**80** Brief an Emmy Wellesz, 11. Juli 1941

Home Office No. W. 7442.

Certificate No. **AZ** 19548

BRITISH NATIONALITY AND STATUS OF ALIENS ACT, 1914

## CERTIFICATE OF NATURALIZATION

**Whereas** Egon Joseph Wellesz

has applied to one of His Majesty's Principal Secretaries of State for a Certificate of Naturalization, alleging with respect to h i m self the particulars set out below, and has satisfied him that the conditions laid down in the above-mentioned Act for the grant of a Certificate of Naturalization are fulfilled in h i s case:

Now, therefore, in pursuance of the powers conferred on him by the said Act, the Secretary of State grants to the said

Egon Joseph Wellesz

this Certificate of Naturalization, and declares that upon taking the Oath of Allegiance within the time and in the manner required by the regulations made in that behalf he shall, subject to the provisions of the said Act, be entitled to all political and other rights, powers and privileges, and be subject to all obligations, duties and liabilities, to which a natural-born British subject is entitled or subject, and have to all intents and purposes the status of a natural-born British subject.

In witness whereof I have hereto subscribed my name this 17th day of September, 1946.

G. H. Oliver.

*Under Secretary of State.*

HOME OFFICE,
LONDON.

PARTICULARS RELATING TO APPLICANT

| | |
|---|---|
| Full Name | Egon Joseph WELLESZ. |
| Address | 51, Woodstock Road, Oxford. |
| Trade or Occupation | University Lecturer and Composer. |
| Place and date of birth | Vienna, Austria.  21st October, 1885. |
| Nationality | Austrian. |
| Single, Married, etc. | Married. |
| Name of wife or husband | Emilie Francisca known as Emmy Franciska. |
| Names and nationality of parents | Samuel and Ilona WELLESZ (Austrian). |

(For Oath *see overleaf*)

**81** Certificate of Naturalization, 17. September 1946

**82** Lincoln College an Egon Wellesz, 21. Oktober 1970

eine Welt für sich, wo jeder für sich leben kann und sich entwickeln, wie er will. Man respektiert die Individualität. Und so bin ich der österreichische Musiker geblieben, der ich war. Vielleicht gerade deshalb, weil ich in völliger Isoliertheit arbeiten konnte.«[10]

Dennoch musste Wellesz »umlernen«, da sich das Universitätswesen in Oxford wesentlich von jenem in Wien unterschied, wo Musikgeschichte betrieben wurde. »In Oxford hingegen gab es zur Zeit, als ich hinkam, keine musikgeschichtliche Forschung, man lernte genau so viel Musikgeschichte, als zur Ausbildung des Musikers nötig war …«[11]

Nach langer Pause begann Wellesz 1943 wieder zu komponieren. »Die wenigsten Menschen realisieren … was es für einen Komponisten bedeutet, in einem Land zu leben und zu komponieren, dessen Atmosphäre ihm nicht von Kindheit auf vertraut ist.«[12] Erst ein Urlaub im Norden Englands, der ihn an das Salzkammergut erinnerte, inspirierte ihn zu einer Symphonie, seiner ersten, op. 62, die nach eigener Aussage in der Tradition Haydn – Bruckner steht. Die Uraufführung dieses Werkes 1948 in Wien war auch der Anlass für Wellesz' erste Reise in seine alte Heimat. Trotzdem war das Interesse Österreichs am Komponisten und Musikwissenschaftler gering, wie etwa Andreas Liess 1949 bemerkte: »Ich finde es unerhört, dass mit Ihren Werken so gar nichts von der ›Heimat‹ aus geschieht! Es ist alles so interesselos, taktlos, fühllos geworden.«[13]

So gab es zwar zahlreiche Ehrungen, wie den Preis der Stadt Wien (1953), den Österreichischen Staatspreis (1957) oder das Österreichische Ehrenkreuz für Wissenschaft und Kunst (1971), aber keine Rückberufung.

Wellesz hatte sich mit seinem Leben in Oxford arrangiert, wurde 1965 offiziell pensioniert und 1957 zum Commander of the Order of the British Empire ernannt. So konnte er 1969 schreiben: »Offen gesagt – ich fühle mich in meiner Umgebung in Oxford so wohl, dass ich jetzt nicht mehr zurückkäme. Wir haben da Freunde, und ich bin im College ... Wir haben uns das Leben in Oxford eingerichtet und wollen es nicht mehr aufgeben. Für Wien bleibt nur noch die Sehnsucht, die man als Wiener immer haben wird, und viel Liebe, die man aber auch im Ausland kultivieren kann.«[14]

*Andrea Harrandt*

1 ÖNB Musiksammlung F13.Wellesz.990.
2 Wellesz, Egon und Emmy: *Egon Wellesz. Leben und Werk*. Hg. v. Franz Endler. Wien 1981, S. 84f.
3 ÖNB Musiksammlung F13.Wellesz.2357.
4 Khittl, Klaus: *Als ein Musikstück sogar die Gestapo überlistete*. In: *Die Presse*, 29.2.1980 (F13.Wellesz.2755).
5 Zit. n. Wellesz, Egon und Emmy, S. 245.
6 Ebd., S. 246.
7 ÖNB Musiksammlung F13.Wellesz.2357.
8 Schollum, Robert: *Egon Wellesz*. Wien o. J., S. 49.
9 Wellesz, Egon und Emmy, S. 247.
10 [Kurze Autobiografie] Paris 25.1.1964. In: ÖNB Musiksammlung F13.Wellesz.2359.
11 Wellesz, Egon und Emmy, S. 263.
12 Brief an Erich Thanner, 20.7.1947. In: ÖNB Musiksammlung F13.Wellesz.2041 (Kopie des Originals).
13 Brief an Egon Wellesz, 12.2.1949. In: ÖNB Musiksammlung F13.Wellesz.1371/8.
14 Wellesz, Egon und Emmy, S. 273.

## DOL UND ROBERT DAUBER

## »Meine Serenade wird in kurzer Zeit aufgeführt, so auch Papas Potpourris.« Theresienstadt, am 25. Mai 1944

Diese Nachricht von Robert Dauber (1923–1945) an seine Eltern Maria und Dol (Adolf) Dauber (1894–1950) gibt Auskunft über den bemerkenswerten Umstand, dass die Insassen des Theresienstädter Ghettos Musik von jüdischen Komponisten öffentlich spielen und hören durften, obwohl diese Musik im Deutschen Reich verboten war. Ermöglicht wurden die Aufführungen im Rahmen der sogenannten »Freizeitgestaltung«: Diese war Teil der »jüdischen Selbstverwaltung« von Theresienstadt, die darin bestand, die Befehle der SS auszuführen und das Ghetto nach innen zu verwalten. Neben Unterbringung, Rationierung der Lebensmittel oder medizinischer Versorgung waren auch die Freizeitaktivitäten zu regeln. Musizieren war dabei zunächst verboten, erst 1942/43 im Rahmen des Vorhabens, Theresienstadt als Propagandaghetto zu etablieren, wurden auch kulturelle Aktivitäten gefördert. So entwickelten sich Musikdarbietungen, die von einfacher Unterhaltungsmusik im 1942 eröffneten »Kaffeehaus« über Platzkonzerte bis zur über 55 Mal aufgeführten Kinderoper *Brundibár* von Hans Krása reichten.[1] Robert Dauber, welcher Cello und Klavier spielte, wirkte bei vielen Konzerten mit und gehörte als Cellist zur letzten Besetzung des Ledeč-Quartetts, zusammen mit Egon Ledeč, Viktor Kohn und Adolf Kraus.[2]

**83** Dol und Robert Dauber

Das musikalische Talent hatte Robert von seinem Vater Dol Dauber geerbt, einem gefeierten Arrangeur, Interpreten, Schlager- und Operettenkomponisten, Jazzpionier und Geiger der 1920er- und 1930er-Jahre. Bereits Dol

**84** Robert Dauber an seine Eltern, 25. Mai 1944, Postkarte aus Theresienstadt

> Meine Lieben! Vorallem vielen Dank für Eure lieben Briefe mit welchen ich immer große Freude habe. – Mir geht es weiter gut, auch gesundheitlich bin ich vollkommen wohlauf. – Bin in der Stadtkapelle und spiele im Musikpavillon und Kaffeehaus. Meine Serenade wird in kurzer Zeit aufgeführt, so auch Papas Potpourri's – Tommy Singer hat nun von Euch Grüße ausgerichtet. – Von Herma habe ich in letzter Zeit wieder Nachricht. – Bin sehr froh, daß es Papa gesundheitlich wieder gut geht. – Am 10. Mai habe ich meine Zulassungsmarke abgegeben.
> Für heute meine Lieben, seid vielmals geküßt und umarmt von Eurem Bubi
> Macht Euch um mich keine unnützen Sorgen!
> Theresienstadt, am 25. Mai 1944

Dauber wurde die Musik in die Wiege gelegt: Als Sohn jüdischer Eltern wurde Dol am 27. Juli 1894 in Wiznitz (Bukowina/Ukraine) geboren.[3] Dols Großvater Abraham spielte Klarinette und sein Vater Moses erteilte Dol bereits im Alter von vier Jahren den ersten Geigenunterricht. Seine ältere Schwester Klara, die Geige und Kontrabass spielte, leitete bereits mit 16 Jahren eine Salonkapelle in der nahen Hauptstadt Czernowitz. Dol folgte seiner Schwester Klara nach Czernowitz, wo er beim Leiter des dortigen Musikvereines Jakob Krämer, dem Cousin seines Vaters, Geigenunterricht erhielt. Als Klara zur ersten Bassistin an die Bukarester Oper berufen wurde, nahm sie Dol auch dorthin mit und ließ ihn dem berühmten Geigenpädagogen und Professor am Bukarester Konservatorium Carl Flesch vorspielen, worauf er am Konservatorium aufgenommen wurde.

Um 1908 kehrte Dol fast 14-jährig mit Klara zurück nach Czernowitz und ein Jahr später gründete nun auch er sein eigenes Salonorchester. Höhepunkte dieser Orchesterkonzerte waren die von Dol vorgetragenen Violinkonzertsätze, deren Popularität ihm schließlich einen Vertrag mit einem 18-Mann-Orchester im Nobelkaffee »Metropol« in Lemberg einbrachte. Kurze Zeit später war es wieder Klara, die für die musikalische Weiterentwicklung ihres Bruders sorgte: Sie arrangierte ein Treffen mit dem Geigenvirtuosen und Musikpädagogen Otakar Ševčík, der in Pisek, Brünn und Prag unterrichtete und Dol als seinen Schüler aufnahm. Dol ließ sich daraufhin in Brünn nieder und nahm auch Unterricht in Harmonielehre und Kontrapunkt bei Carl Frotzler. Zur Finanzierung seines Studiums spielte Dol in Kaffeehäusern und ging mit einem Kammerquartett auf Tournee.

Im Krieg wurde Dol Konzertmeister und Sologeiger beim Orchester des 3. Infanterieregiments. Bei einem Konzert dieses Orchesters in Italien war auch Giacomo Puccini unter den Zuhörern, der von Daubers Virtuosität derart beeindruckt war, dass er ihm ein handschriftliches Partiturblatt aus *Manon Lescaut* mit persönlicher Widmung schenkte. Noch vor Kriegsende wechselte Dol als Konzertmeister und Solist zum Regiment der Hoch- und Deutschmeister.

Nach dem Krieg ging Dauber zurück nach Brünn und nahm den Unterricht bei Ševčík wieder auf. Doch begann ihn zugleich eine völlig neuartige, aus Amerika kommende Musik immer mehr zu begeistern: der Jazz. Dol fasste den Entschluss, ganz auf die Unterhaltungsmusik zu setzen, sehr zum Missfallen seines Lehrers, den er von seinen neuen Plänen zu überzeugen versuchte: »Kunst, mag sie noch so heiter sein, wenn ernst betrieben wird, bleibt Kunst.« Dols neue Karriere begann mit einem 12-Mann-Orchester in einem führenden Kaffeehaus in Prag und führte ihn bald in das Nobelhotel »Fürstenhof« nach Marienbad, wo Franz Lehár, Emmerich Kálmán, Oskar Straus und Alfred Grünfeld zu seinen Stammgästen zählten. Eine Besonderheit seines mittlerweile 16 Mann zählenden Orchesters war der Umstand, dass die Musiker auch Jazzinstrumente wie das Saxophon oder das Banjo beherrschten. Seine nächste Station wurde das Hotel »Bristol« in Wien, zunächst nur mit einem Quintett, jedoch in der modernen Besetzung mit Saxophon und Schlagzeug. Auch hier setzte sich sein Erfolg fort und seine Musik wurde zum Stadtgespräch. Er erhielt schließlich von der Plattenfirma His Masters Voice einen Plattenvertrag und konnte nun ein ständiges Orchester mit 36 Musikern halten.

Dols Erfolgsgeheimnis lag in den vielseitigen Einsatzmöglichkeiten seiner Musiker: Neben Platten- und Rundfunkaufnahmen wurde Tanz- und Jazzmusik in den großen Wiener Unterhaltungslokalen wie im »Grabencafé«, »Tabarin« und »Apollo« ebenso gespielt wie große symphonische Konzerte im Musikverein. Für Furore sorgte er mit dem 1927 gegründeten »Jazz-Symphonie-Tanz-Orchester«, mit dem er an Sonntagen im Café »West-

## Jazz am Vormittag.

Was eine richtige Dame ist, weiß immer, was sie zu tun hat, aber was machte sie am Sonntag vormittags, zu einer Stunde, da sie bereits aus dem Bett, doch noch nicht auf dem Korso war? Nicht immer wochenendet man, besonders dann nicht, wenn die Bekannten mit dem Auto andere eingeladen haben. Den Mann anhören, der am Sonntag endlich Zeit hat, über die schlechten Geschäfte der sechs Wochentage zu reden? Mal ausnahmsweise in der Küche nachsehen und totsicher mit der Köchin in Streit geraten? Vielleicht gar mit den Kindern spielen, damit sie der gnädigen Frau Mama am Ende den Lippenstift vom Mund wischen? Nein, wirklich, die armen Damen konnten einem leid tun, am Sonntag vormittags. Bisher. Denn jetzt wird endlich auch für sie etwas getan. Seit vorgestern gibt es Jazz-Matinee-Konzerte an Sonn- und Feiertagen. In der Sacher-Bar. Also mit direktem Anschluß an den Korso. Alles gerettet!

Alles war nämlich schon bei der Premiere zugegen. Und man kann nur sagen, daß die Jazz-Matineen anscheinend einem langgehegten Bedürfnis entsprechen. Leipzig hat seine Gewandhauskonzerte, wir diese „Schlafgewandhauskonzerte", wie jemand die Veranstaltung taufte, der, mehr dem Gebot einer Dame als seinem eigenen Triebe gehorchend, geradewegs aus dem Pyjama in den Tanz-Sacco gestiegen war. Das ist die raffiniert moderne mondäne Note am 11-Uhr-Jazz, daß sie Symphonie-Orchester und Tanz-Band zugleich ist. Zwölf Herren und ein Dirigent, die weiße Chrysantheme im Knopfloch, haben sich hier mit einer Jazz-Symphonie vorgestellt, die – von Frank Fox auf das Thema der „Wolgaschiffer" geschrieben – ein neuartiger Ohrenschmaus ist. Die Neger-Natur zur Solisten-Kunst veredelt, die Synkope als kontrapunktische Delikatesse und nicht bloß das Saxophon, auch noch die gestopfte Posaune ein Wunder an Finessen der Farbe. Man wird bald von dem Wiener Jazz-König sprechen. Unser Paul Whiteman heißt Dolfi Dauber. Hoffentlich schadet es ihm nicht, daß er nicht irgend einmal Schlagwerker, sondern bloß Sevčík-Schüler war.

Von einer solchen „symphonischen" Jazz, die reißerischen Rhythmus mit seltsamem Klangzauber und musikalischem Witz verbindet, einen Foxtrott oder einen Tango zu hören, ist den Beinen zumindest so angenehm wie den Ohren. Man muß tanzen, mag draußen auch heller Mittag sein, man läßt sich unnachgiebig jegliches zwei- und dreimal vorspielen. Am Vormittag ist noch kein Mensch müd' und außerdem will man doch den Appetit anregen, nachdem man ein halbes Dutzend Sandwichs und einige Bäckereien gegessen, nicht wahr? Und dazu hat man noch das Training für den Nachmittag und Abend gratis. Denn die Jazz-Matinee ist doch eigentlich bloß die Umsteigstation zum Fünf-Uhr-Tee. In aller Früh übt sich, wer noch spät nachts tanzen will. Und wer wollte nicht, wer müßte nicht, erstens aus Ersparungsgründen, weil bekanntlich ein Ausflug auf den Semmering viel teurer, zweitens aus Gründen der ..., mein Gott, es gibt keinen einzigen Grund, aus dem man n i c h t tanzen sollte.

Was Jahrhunderte lang versäumt worden war, ist nunmehr nachgeholt, die schmerzliche Lücke zwischen dem Sonntags-Leber und dem Sonntags-Korso ausgefüllt. Die Damen werden sich jetzt nicht mehr beim lieben Gott beklagen können, daß sie die Vorsehung zugunsten der Männer vernachlässigt habe. Den Männern war für die Sonntag vormittags das Kaffeehaus erschaffen, den Damen ist für diese, ach, bisher unmögliche Zeit anno 27 die Bar erschlossen worden. Für die dazu nötigen Herren werden sie sich schon sorgen.

hell.

---

minster« und in der »Sacher«-Bar auftrat: Neben Operetten- und Schlagerpotpourris standen Jazzarrangements und Walzer ebenso auf dem Programm wie seine klassischen Violinkonzertsätze. Auch internationale Stars wie Josephine Baker oder Jack Smith traten bei seinen Konzerten auf: »[...] Die Neger-Natur zur Solisten-Kunst veredelt, die Synkope als kontrapunktische Delikatesse und nicht bloß das Saxophon, auch noch die gestopfte Posaune ein Wunder an Finessen der Farbe. Man wird bald von dem Wiener Jazz-König sprechen. Unser Paul Whiteman heißt Dolfi Dauber. [...]«

Auch das Privatleben Dols verlief nach dem Krieg in erfreulicher Weise: 1921 heiratete er die Sudetendeutsche Maria Janisch aus Brünn und zwei Jahre später, am 27. August 1923, wurde ein Sohn geboren, der zu Ehren des Taufpaten Robert Stolz auf dessen Namen getauft wurde. Wie sein Vater wurde auch Robert Musiker und erhielt Cello- und Klavierunterricht.

Nach der Machtübernahme der Nationalsozialisten kam es in Wien verstärkt zur Judenhetze und zu Ausschreitungen, und die Familie Dauber beschloss, nach Prag zu übersiedeln. Dol war gezwungen, sein Orchester aufzulösen, aber auch in Prag fand er in der Unterhaltungsmusik bei Schallplattenaufnahmen, Filmaufnahmen, Synchronisationen und dem Radio ein breites Betätigungsfeld und sein Sohn Robert spielte im Theater, in einem Kammerquartett und im Kaffeehaus.

Im März 1939 befand sich Dol wegen Plattenaufnahmen in London. Prag war noch frei, aber Österreich bereits besetzt. Die Plattendirektion in London machte Dol den Vorschlag, seine Familie nach London oder New York zu bringen, um den weiteren politischen Verlauf abzuwarten. Dol schlug dies aus: Er glaubte nicht an eine Besetzung Prags.

**85** Jazzkonzertkritik, aus: *Der Tag*, 8. November 1927

Nur zwölf Tage nach seiner Rückkehr nach Prag marschierten die deutschen Truppen ein. Dol und seine Frau Maria überlebten die Kriegsjahre in einer ihnen zugewiesenen Prager Wohnung – ein Umstand, den ihr Neffe Max auf die Beliebtheit Dols beim sudetendeutschen Teil der Nationalsozialisten zurückführte. Ihr Sohn Robert allerdings wurde am 8. September 1942 aus Prag nach Theresienstadt gebracht. Am 28. September 1944 wurde Robert mit einem der letzten Transporte nach Auschwitz deportiert, am 10. Oktober 1944 von dort nach Dachau überstellt, wo er am 24. März 1945 starb.[4]

Diesen Schicksalsschlag konnte Dol nicht verkraften. Er verbrachte seine letzten Jahre, ohne wieder einer seiner früheren Tätigkeiten als Musiker nachzugehen, und verstarb am 15. September 1950 in Prag.

*Stefan Engl*

---

1 Schultz, Ingo (Hg.): *Viktor Ullmann. 26 Kritiken über musikalische Veranstaltungen in Theresienstadt* (= Verdrängte Musik. Bd. 3). Hamburg 1993, S. 11–34.
2 Kuna, Milan: *Musik an der Grenze des Lebens*. Frankfurt am Main 1993, S. 230–232.
3 Die biografischen Angaben zu Dol Dauber wurden im Jahr 1986 von seinem 76-jährigen Neffen Max Dauber niedergeschrieben und befinden sich zusammen mit den anderen Materialien zu Dol und Robert Dauber im Nachlass von Dol Dauber in der Musiksammlung der ÖNB unter der Signatur: F79.Dauber.1–10. Auch wenn Max Dauber diese Biografie nach »bestem Wissen und Gewissen« verfasste, sind einige Angaben widersprüchlich und andere zumindest zweifelhaft. So schreibt Max Dauber an einer Stelle von Dols um zehn Jahre älteren Schwester, um sie wenig später als zwölf Jahre älter anzugeben. Weiters soll Dol im Alter von neun Jahren der jüngste Schüler von Carl Flesch gewesen sein, welcher ihn dann von 1903 bis 1907 vier Jahre lang unterrichtet haben soll. Tatsächlich aber war Carl Flesch von 1903 bis 1908 Lehrer am Konservatorium in Amsterdam. Dol soll auch kurz vor Kriegsende als Konzertmeister und Solist zu den Deutschmeistern gekommen sein – auf Veranlassung von Franz Lehár, welcher dort Dirigent gewesen sein soll. Lehár war aber seit 1902 nicht mehr beim Militär tätig. Allem Anschein nach verwechselt Max Dauber hier Lehár mit Robert Stolz. Beide waren sehr gute Freunde von Dol Dauber.
4 Schultz: *Viktor Ullmann: 26 Kritiken*, S. 102.

# ALBERT DRACH
## *Der unerbittliche Chronist*

Dreißig Jahre nach den Ereignissen im März 1938 schreibt der jüdische Schriftsteller und Rechtsanwalt Albert Drach über den Beginn seiner Emigration: »Und als der Tag kam, als die Nazis Österreich nahmen, weil es sich gerne von ihnen nehmen ließ, dachte ich nicht daran, das Land zu verlassen, das ich noch immer für meine Heimat hielt, und glaubte nicht daran, man könne mir je an den Leib, schon gar nicht an die Seele rücken.«[1] Dass sich Drach zunächst so sicher fühlte, liegt am Selbstverständnis einer assimilierten jüdischen Familie. Drachs Vater war ein farbentragender Student gewesen, der mit dem radikalen Deutschnationalen und Antisemiten Georg von Schönerer bekannt war. Deutschnational zu denken und kurzfristig sogar als Präsident der Israelitischen Kultusgemeinde in Mödling zu fungieren (bis sich herausstellte, dass er nicht Hebräisch konnte), war für Drachs Vater und wohl auch den Sohn kein Widerspruch. »Irgendwo im Innern hielt ich mich für besser als andere Juden«, kommentiert Drach selbstkritisch aus der historischen Distanz.[2]

Albert Drach wurde am 17. Dezember 1902 als Sohn eines aus der Bukowina stammenden Bankbeamten jüdischer Herkunft in Wien geboren. Seine Mutter entstammte einer wohlhabenden jüdischen Kaufmannsfamilie, deren Vorfahren aus Mähren kamen. Drach besuchte das Akademische Gymnasium in Wien und studierte anschließend Rechtswissenschaften. Bereits während der Schulzeit zeigte er starke literarische Interessen, die in einem im Alter von 17 Jahren mit Unterstützung des Vaters veröffentlichten Gedichtband und verschiedenen Dramenversuchen ihren Niederschlag fanden. Sein Drama *Das Satansspiel vom göttlichen Marquis* über den berühmt-berüchtigten Marquis de Sade, den Drach als Libertin und Vorkämpfer individueller und allgemeiner Freiheit sah, schrieb Drach in den Jahren 1926/27 in einem Verhandlungssaal des Bezirksgerichts Wien Innere Stadt. Die in diesem frühen Stück formulierte These des angehenden Anwalts über das Wesen der Gesetzgebung wurde zum Motor aller folgenden literarischen Produktion: »Die Gesetze sind gegen diejenigen, die nicht dabei waren, als sie gemacht

**86** Albert Drach 1988 an seinem Schreibtisch im »Drach-Hof« in Mödling

wurden.«[3] 1935 eröffnete Drach eine Anwaltskanzlei in Mödling bei Wien und hoffte, endlich auch als Schriftsteller reüssieren zu können.

Drachs Wille, sich nicht zum Opfer machen zu lassen, zeigt sich im Frühjahr und Sommer 1938 in seinem selbstbewussten Auftreten gegenüber den österreichischen Nazi-Behörden, deren Vertreter der Anwalt Drach oft aus für diese wenig schmeichelhaften Zusammenhängen kennt. Am eindrücklichsten verarbeitet findet sich diese Haltung in der literarischen Beschreibung einer Szene, auf deren Wahrheitsgehalt Drach immer gepocht hat. Wie auch immer die Szene sich in Wirklichkeit abgespielt haben mag, in der literarischen Bearbeitung besitzt sie eine über den Anlass hinausgehende Wahrheit, die die Peiniger entlarvt und den nie versiegenden Widerspruchsgeist Drachs bezeugt.

Am 26. April 1938 wurde der »Drach-Hof« in Mödling von nationalsozialistischen Gefolgsleuten heimgesucht, die ihre Stunde gekommen sahen. Drach, der sich zunächst versteckt hielt, gab sich, als die Lage für seine Mutter und eine Hausangestellte immer bedrohlicher wurde, zu erkennen. In der Folge wurde er, so beschreibt es Drach in dem autobiografischen Roman »Z. Z.« *das ist die Zwischenzeit*, vom Mob gezwungen, auf eine Leiter zu steigen und den

Satz, demzufolge nur ein Schwein bei Juden einkaufe, auf das Geschäft eines jüdischen Lederhändlers zu schreiben.[4] Die Darstellung der Szene gerät zum chaplinesken Schelmenstück des »Sohnes«, wie sich Drach im Roman tituliert. Sie entlarvt die brutale Lächerlichkeit der Schergen, von denen nicht wenige sich nur kurze Zeit später als vor keinem Verbrechen zurückschreckende Mörder und Irre entpuppen sollten: »Weil nun aber bereits das erste ›N‹ vom Sohne so groß ausgeführt wurde, daß zu besorgen stand, er werde nicht den ganzen Satz hinbringen, ordnete der Schneider eine kleinere Schreibweise an, worauf das ›u‹ so winzig ausfiel, daß es mit bloßem Auge kaum mehr auszunehmen war. Als daraufhin der Schlosser auch diese Schriftart beanstandete, erklärte der Sohn, möglicherweise nicht ohne Beziehung im Tonfall auf den herrschenden Zeitgenossen, welcher derlei Metier aus früherer Ausübung beherrschte, daß er seinerseits eben kein gelernter Anstreicher sei [...]«[5]

Zugleich werden die Begehrlichkeiten verschiedener nationalsozialistischer Parteigänger und Dienststellen, sich den »Drach-Hof« einzuverleiben, immer stärker. Drach wehrt sich, doch vergeblich. Er wird von seinem eigenen Hausmeister denunziert. Heinrich Rumboldt, ein Parteigenosse, der bereits damit begonnen hat, die Mietzinse des Drach'schen Hauses einzuheben, ist einer der aggressivsten Profiteure im Dienste der Arisierung. In einer Anzeige an die NSDAP-Kreisleitung »Wienerwald« vom 19. Oktober 1938 wird Drach unter Berufung auf Rumboldt, der sich wiederum auf Aussagen von Drachs Hausmeister bezieht, als »kommunistischer Hetzer« denunziert, der heimlich Versammlungen abhält. Selten wird die Niedertracht bei der Aneignung jüdischen Eigentums und bei der aktiven Mitwirkung an der Vertreibung der jüdischen MitbürgerInnen so deutlich wie im Falle Drachs. Es sollte bis 1955 dauern, bis Drach nach endlosen juristischen Querelen wieder über alle Räume des »Drach-Hofes« verfügen konnte. Bis in die 1960er-Jahre kämpfte er, großteils ohne Erfolg, um die Rückerstattung der ihm während des Krieges entgangenen Mieterlöse.

Wenige Tage nach dem Denunziationsschreiben beginnt am 25. Oktober 1938 Drachs Irrfahrt ins Exil. Sein Weggang war alles andere als gut geplant. Er lässt unter lange andauernden Schuldgefühlen seine Mutter zurück, die im Oktober 1939 im Spital der Israelitischen Kultusgemeinde in Wien stirbt. Drach flieht, ausgestattet mit einem Durchreisevisum für Jugoslawien und einer Schiffskarte nach Liberia, zunächst nach Split. Von hier geht es weiter nach Triest, der letzten an »Österreich« gemahnenden Station auf seiner Reise ins Ungewisse. In einem ebenfalls unveröffentlichten Text beschreibt

"Alt-Mödling"  
Seipelgasse 7-9  
336  

Nr. 642/38  

19. Oktober 1938

An die  
Kreisleitung V "Wienerwald"  

**Perchtoldsdorf.**

**oV Wirt.**

Zurückkommend auf meinen Bericht vom 14.ds.M. und veranlaßt durch die fortwährenden Quertreibereien des Juden D r a c h , der es versteht, sämtliche ihm zur Verfügung stehenden Mittel auszunützen, um die von der Kreisleitung bestellte kommissarische Verwaltung seines Hauses Mödling, Hauptstraße 44, unmöglich zu machen, ersuche ich, die endgiltige Bestellung des Pg. Heinrich R u m b o l d t als kommissarischer Verwalter durchzusetzen. Ich begründe diesen Antrag mit Folgendem:

1.) Es möchte das Ansehen der Partei durch eine Abberufung des Pg. Rumboldt und eine Auflassung der kommissarischen Verwaltung geschädigt werden und verhängnisvolle Folgen für das Auftreten der übrigen Juden in der Ortsgruppe "Alt-Mödling" zeitigen. Der Jude Drach hat, wie bereits erwähnt, mit allen Mitteln, Inanspruchnahme nationalsozialistischer Einrichtungen und zum Schluß sogar mit Zuhilfenahme von Rechtsanwälten, wie der dem Pg. Kasper heute übergebene Brief zweier Wiener Rechtsanwälte beweist, die Abberufung des Pg. Rumboldt betrieben.

2.) Eine kommissarische Verwaltung des Hauses des Juden Drach ist unbedingt notwendig und zwar deshalb, weil der Jude Drach als kommunistischer Hetzer in Mödling bekannt ist und in seinem Hause und insbesonders in seinem Garten nach Aussage des Pg. Rumboldt, der diese Aussage durch Angaben des im Hause Drach beschäftigten Hausbesorgers erhärten kann, fortwährend seine Rassegenossen in großer Zahl empfängt und mit ihnen allem Anscheine nach Besprechungen abhält.

3.) Ein besonders schwerwiegender Grund ist der Umstand, daß im Hause des Drach eine Heeresdienststelle und zwar die

**87** Schreiben der NSDAP-Kreisleitung »Wienerwald«, das die Denunziation Drachs durch seinen Hausmeister belegt

Drach, der sich hier programmatisch Anselm Igel nennt, der immer die Stacheln aufstellt, sobald Gefahr droht, seine ambivalenten Gefühle beim Gang durch Triest: »Er war von einem Zuge aus Split abgestiegen und wartete auf einen anderen nach Paris, der aber erst in einigen Stunden abgehen würde. Vorerst war er bestrebt gewesen, mit dem von ihm geschleppten schweren Zeug die Stadt am Rande anzusehen, die seit dem Babenbergerherzog Friedrich II., dem Streitbaren, österreichisch gewesen, zuletzt nach einem Unglückskrieg [...] abgetreten werden musste. Der Herzog aber, der die Stadt erworben und wahrscheinlich von den Seinigen in einer Schlacht beseitigt worden war, hatte sich nach Auskunft eines Hofhistoriographen jüdischer Beamter bedient und so schon damals den Unwillen eines Teiles der Bevölkerung verdient.«[6]

Über Paris gelangte Drach im Februar 1939 nach Nizza. Drach wurde mehrmals interniert: zunächst als »feindlicher Ausländer«, dann, nach der Niederlage Frankreichs von den Vichy-Behörden, so auch im Lager Les Milles, in dem 1940 auch Max Ernst, Lion Feuchtwanger, Walter Franck und Golo Mann interniert waren.

Als Drachs Bericht über die Umstände seines Überlebens im prekären südfranzösischen Exil mit dem Titel *Unsentimentale Reise* 1966 erschien, kam das einem Tabubruch gleich. Der Titel ist eine ironische Replik auf Lawrence Sternes 1768 erschienenes Reisebuch *A Sentimental Journey through France and Italy*, aber auch auf die Tradition des deutschen Bildungsromans. Immer wieder entzieht sich Drachs literarisches Alter Ego, der tragische Schelm und Filou Peter Kucku oder Pierre Coucou, wie er sich auf französisch nennt, den mit den Nazis kollaborierenden Vichy-Behörden durch (sprachliche) List und kaltschnäuziges Auftreten.

An dieser Stelle kommt ein wichtiges Dokument ins Spiel, ein »Heimatschein« der Gemeinde Wien. 1942, nachdem er in Nizza wieder verhaftet worden war, befindet sich Drach im französischen Lager Rivesaltes am Fuße der Pyrenäen. »Hier werden«, schreibt Drach in seinem unvergleichlichen, den Zynismus als Waffe und Selbstschutz einsetzenden Stil, »alle Krematoriumsanwärter gesammelt, sondiert und exportiert.«[7] Um nicht zu den in die Vernichtungslager Deportierten zu gehören, geht Drach in die Offensive: Er sei, so argumentiert der Anwalt Drach nun in eigener Sache, nach französischem Recht kein Jude, weil er bereits 1939 zum Katholizismus konvertiert sei (es galt der 25. Juni 1940 als Stichtag). Als Beweis legt er dem Kommissar des Lagers eben jenen Heimatschein der Gemeinde Wien aus dem Jahre 1939 vor.

**88** Heimatschein der Gemeinde Wien mit der Abkürzung »I. K. G.«

COMMISSARIAT GÉNÉRAL AUX QUESTIONS JUIVES

5,029

# CERTIFICAT
## DE NON-APPARTENANCE A LA RACE JUIVE

Sur le vu des pièces produites par l'intéressé, le Commissaire Général aux Questions Juives constate que M Drach (Albert) né le 17 décembre 1902 à Vienne ne doit pas être regardé comme juif aux termes de la loi du 2 Juin 1941.

Vichy ~~Paris~~, le 2 avril 1943

**89** Bescheinigung, nach französischem Recht kein Jude zu sein, ausgestellt im April 1943

**90** Albert Drach 1946/47 in Nizza, vor seiner endgültigen Rückkehr nach Österreich

Liste des domiciles en France :

1). Boulogne - Billancourt, / Seine
6 rue de Billancourt dès mon arrivée en France le 26 nov. 1938 jusqu' a la veille de mon arrivée à Nice c'est à dire le 25 fevr. 1939 chez mon oncle par alliance M.le juge de paix Rodolphe Lebel

2) N I C E   arrivée 26 fevr. 1939
a). 5 rue Alexandre Mari (Palais meublé Propr. Mayol) 26.2 - 1.6.39
b) 34 Boulevard Gambetta (Meublé Hagenmüller Marinelli) 1.6.39 jusqu' au 30. 12. 1940
c) 4 rue St. Philippe (chez Mme Aglar) 30. 12. 1940 pendant quelques mois seulement. La loueuse changea l'appartement.
d) 3 Avenue Auber (chez Mme Aglar) printemps 1941 quelques mois seulement.
e) 19 rue Verdi (chez Mme Chalumeaux) depuis mi 1941 - 23.12. 1941
f) 31 rue Paganini (Hotel Frank) un mois seulement 23.12.41-22.1.42
g) 7 Avenue de la Victoire (meublé Vial-Saphir) 22.1.42 - dec. 1942,
h) 19 Avenue Auber (Hotel du Dome) dec. 1942 - sept. 1943 (arrivée des Allemandes à Nice )

3) V a l d e b l o r e   A. M.  La Bolline chez Bergont sept. 1943 jusqu' a ma rentrée à Nice  fevrier 1945

4) N I C E   rentrée  fevrier 1945 jusqu' à maintenant toujours 7 Avenue de la Victoire ( comme sous 2 g - meublé Saphir)

Auf diesem findet sich die Abkürzung »I. K. G« für »Israelitische Kultusgemeinde«, Drach übersetzt sie mit »Im Katholischen Glauben«. Die falsche Interpretation dieses Dokuments zusammen mit der Vorlage von Papieren der nichtjüdischen Mutter seiner Halbschwester, die beweisen sollen, dass Drach über ein nichtjüdisches Großelternpaar verfügt, führen zu seiner Entlassung aus dem Lager und dazu, dass Drach eine überlebenswichtige Bescheinigung erhält: ein »CERTIFICAT DE NON-APPARTENANCE A LA RACE JUIVE«, das die Vichy-Behörden dem Juden Drach im April 1943 widerstrebend ausstellen müssen.

Bis zur Besetzung durch deutsche Truppen im September dieses Jahres hält er sich wieder in Nizza auf. Um der Einberufung in den deutschen Arbeitsdienst zu entgehen, der seine prekäre Existenz offenbart hätte, flieht Drach ins Bergdorf Valdeblore im Hinterland von Nizza, wo er als Eiskunstlauf-Lehrer, Pilzesammler und Übersetzer unter teilweise aberwitzigen Umständen den Krieg überlebt.

Nach Kriegsende arbeitete Drach als Dolmetscher für die amerikanischen Truppen in Nizza, 1948 kehrte er nach Mödling zurück und nahm seine Rechtsanwaltstätigkeit wieder auf. Als ihm 1988 nach Jahrzehnten immer nur sehr kurzfristiger Erfolge der Georg-Büchner-Preis zuerkannt und seine Bücher neu aufgelegt wurden, entdeckte eine neue Generation von LeserInnen und KritikerInnen einen der radikalsten Vertreter der österreichischen Nachkriegsliteratur. Drach starb am 27. März 1995 im »Drach-Hof« in Mödling.

*Bernhard Fetz*

---

1 Drach, Albert: Beginn der Emigration. Zit. nach: Dossier Albert Drach. Zusammengestellt von Bernhard Fetz und Eva Schobel. *Literatur und Kritik* (März 2005), H. 391/392, S. 55.
2 Drach: Beginn der Emigration, ebd.
3 Drach, Albert: Das Satansspiel vom göttlichen Marquis. In: Ders.: *Das Spiel vom Meister Siebentod und weitere Verkleidungen*. München, Wien 1965, S. 113–184 (= Gesammelte Werke, Bd. 2), hier S. 147.
4 Vgl. dazu die genaue Darstellung von Eva Schobel: »›Meine Heimat ist die deutsche Sprache und der Drach-Hof.‹ Emigration und Remigration von Albert Drach«. In: *Dossier Albert Drach*, S. 30–53.
5 Drach, Albert: »Z. Z.« das ist die Zwischenzeit. Ein Protokoll. Wien 2003, S. 287 (= Bd. 2 der Werke in zehn Bänden).
6 Drach, Albert: »Aus. Eine Übersicht.« In: *Dossier Albert Drach*, S. 62f. Dieser Text entstand sehr spät, wahrscheinlich um 1982.
7 Drach, Albert: *Unsentimentale Reise. Ein Bericht*. Wien 2005, S. 54 (= Bd. 3 der Werke in zehn Bänden).

**BERTA ZUCKERKANDL**
## Frankreich als Land befristeter Hoffnung

»Gesperrt« – so lautet der gestempelte Vermerk unterhalb der Inventurnummer im Exemplar der Österreichischen Nationalbibliothek von Berta Szeps-Zuckerkandls Memoiren *Ich erlebte fünfzig Jahre Weltgeschichte*, die sie unmittelbar nach ihrer Flucht im März 1938 aus Österreich nach Paris zu verfassen begann und die bereits 1939 in vier Sprachen und fünf Ausgaben vorlagen.[1] Das Vergessen von Person und Werk Berta Zuckerkandls, das mit dem »Anschluss« Österreichs und dem damit einhergehenden »Ausschluss« vieler Personengruppen eingeleitet wurde, hielt lange an.

Es waren zwei Gründe, die ihre Flucht aus dem zur Ostmark gewordenen Staat unabwendbar machten. 1864 als Tochter des Zeitungsverlegers Moritz Szeps geboren, formte sie ihre Persönlichkeit in einem intellektuellen, jüdischen Großbürgertum und sie setzte sich zeit ihres Lebens für Österreich als eigenständiges Staatengebilde ein. Beide Elemente, ihre Verankerung in einem aufgeklärten Milieu und ihr politisches Engagement, fließen in die Rolle ein, mit der sie – neben ihrer Funktion als Kunstvermittlerin – am bekanntesten ist: als jahrzehntelange Gastgeberin eines Salons, in dem Künstler und Wissenschaftler ein Kommunikationsforum fanden und in dem sie »eine idealistische, um so stärker ersehnte Gegenrealität (inszenierte) –, die am Ende gegen die neuen politischen und militärischen Drahtzieher unterliegen musste«.[2]

Frankreich hatte für Berta Zuckerkandl einen besonderen Stellenwert, der sich aus einer familiären Konstellation entwickelte. Ihre Schwester Sophie hatte Paul Clemenceau geheiratet, den Bruder des für die österreichische Ge-

**92** Berta Zuckerkandl mit ihrem Enkel Emile Zuckerkandl (geb. am 4. Juli 1922), Wien, um 1930

schichte so bedeutenden Staatsmannes George Clemenceau[3], und sich in der Pariser Gesellschaft mit ihrem Salon etabliert. Berta Zuckerkandls Beziehungen zu französischen Künstlern und Politikern resultierten vor allem im Arrangement von Kulturaustausch, in ihren Übersetzungen französischer Dramatiker und – als überzeugte Anhängerin der Eigenständigkeit Österreichs – immer wieder in politischer Vermittlertätigkeit.[4] So war es kein Zufall, dass sie im Mai 1938 mithilfe ihres Schwagers und ihres Künstlerfreundes Paul Géraldy nach Frankreich ausreisen konnte. In Paris angekommen, widmete sie sich nicht nur ihren Erinnerungen, sondern engagierte sich weiterhin politisch. Sie schloss sich einer der wenigen überparteilichen Organisationen an, dem sogenannten »Österreichischen Büro«, und saß im Beirat der »Zentralvereinigung österreichischer Emigranten«.[5]

Im Juni 1940, nach Marschall Pétains Proklamation der militärischen Niederlage Frankreichs, entschloss sie sich zur Flucht aus ihrer zweiten Heimat. Im Spätsommer 1940 war sie wieder mit ihrer Familie vereint, und zwar in Algier, wohin sich ihre Schwiegertochter und ihr Enkel auf anderen Wegen aus Frankreich gerettet hatten; ihren Sohn fand sie bereits Ende Juli in Montpellier wieder. Dort stellte sie ihr Werk über George Clemenceau fertig.[6] In der Radiostation der Alliierten in Algier wurde sie wiederholt für Sendungen an die österreichischen Soldaten in der deutschen Wehrmacht herangezogen und sie verfasste, nach ihrer zweiten Flucht, ihr zweites Memoirenwerk.[7] Zuerst aber erfüllte sie die dringende Bitte ihres Enkels Emile: »Au mois de Novembre, à Alger, j'ai prié grand'maman Berthe d'écrire pour mon journal une relation detaillée de sa fuite, de ses aventures. La voici« – vermerkt er in seinem Tagebuch, in das er das *Cahier* seiner Großmutter klebt.[8]

Berta Zuckerkandl beginnt ihren Bericht mit einem tagebuchähnlichen Einstieg: »Flucht! 17. Juni 1940. Bourges – Hotel de la Boule d'Or«, also drei Tage nach dem Einmarsch deutscher Wehrmachtsverbände in Paris und an dem Tag, an dem Marschall Pétain in einer Radioansprache sein Ersuchen um einen Waffenstillstand bekannt gab. Die Flüchtlingsströme und die chaotische militärische Situation bestimmen ihre Wahrnehmung und den Entschluss, aufzubrechen. Sie beschreibt die Stadien und Strapazen ihrer Flucht – sie ist zu diesem Zeitpunkt 76 Jahre alt –, aber nicht nur ihrer eigenen. Oft greift sie, um die unvorstellbaren Situationen, in die die Flüchtenden geworfen sind, bildhaft zu fassen, auf ihr immenses Kunstwissen zurück.

Auf 32 Manuskriptseiten schildert sie – auf den ersten paar Seiten in deutscher Sprache, dann nur noch auf Französisch – ihren Weg von Bourges nach

## Flucht!

17. Juni 1940.

Bourges - Hôtel de la Boule d'Or.

Seit acht Tagen schon rollen bekannte herrschaftliche Autos durch Bourges. Dann kamen diejenigen die mit der Bahn, später zu Fuss oder auch mit Lastwagen vorbeizogen. Man begann die Flüchtlinge - Physionomie kennen zu lernen, besonders Frauen, Kinder und Greise trugen den unverwischten Ausdruck der Panik; starrten mit leeren Augen vor sich hin, schleppten sich mühsam fort.

Fast war schon diese letzte Tag verrückt auf der verlogenen Nachrichtendienst. Auffallend war das gewisse Offiziere die im Hotel wohnten plötzlich verschwanden. Die Kompagnie in der Frühe erhielt Order abzuziehen, und zwar sollen sie

[Au mois de Novembre, à Alger, j'ai prié grand-maman Berthe d'écrire pour mon journal une relation détaillée de sa fuite, de ses aventures. La voici]

**93** Erste Seite des Flucht-Berichts, geschrieben im November 1940 in Algier

**94** Brief von Berta Zuckerkandl an ihren Enkel Emile, Montpellier, 3. August 1940

Moulins und die wochenlange Wartezeit in diesem Grenzort zwischen dem besetzten und dem unbesetzten Frankreich. Wie sie von Moulins über Vichy nach Montpellier gelangt, ist aus den Briefen, die sie aus Montpellier an ihren Enkel Emile richtet, zu erfahren. Aber auch ihre tiefe emotionale Verbundenheit mit ihm geht daraus hervor.

Das Manuskript und die Briefe an ihre Familie in Algier gehören zu den wenigen Schriftstücken aus der Hand Berta Zuckerkandls, die Emile Zuckerkandl nach 1945 in die USA mitnehmen konnte. Ihre gesamte (hand)schriftliche Produktion wurde nach ihrer Flucht nach Frankreich gemeinsam mit ihrer sonstigen Habe von den NS-Finanzbehörden beschlagnahmt und später verkauft. Nach der Flucht aus Frankreich wurde die Pariser Wohnung der Familie Zuckerkandl von der NS-Organisation »Einsatzstab Reichsleiter Rosenberg« geräumt.

In einem ihrer letzten Briefe an ihren Freund Franz Theodor Csokor aus dem Exil in Algier schreibt sie, bereits sterbenskrank: »Ich bin stolz auf Sie, weil Sie einer der wenigen waren, die nicht bei Hitler in Wien geblieben sind, obwohl Sie es als Arier hätten tun können. (…) Ich sehe Sie schon als Direktor des Burgtheaters und als Symbol der neuen Größe Österreichs.«[9] Zwei Tage vor Kriegsende gibt Berta Zuckerkandl damit ihrem Traum von Österreich wieder konkrete Züge – und nimmt damit den »Anschluss« als aufgehoben vorweg.

*Theresia Klugsberger*

1 Szeps-Zuckerkandl, Bertha: *Ich erlebte fünfzig Jahre Weltgeschichte*. Stockholm: Bermann-Fischer 1939. Dies.: *My life and history*. London: Cassell 1938; New York: Knopf 1939. Dies.: *Ik beleefde vijftig jaren wereldgeschiedenis*. Amsterdam: Querido 1939. Szeps-Zuckerkandl, Berthe: *Souvenirs d'un monde disparu*. Paris: Calmann-Levy 1939.
2 Bettina Spoerri: »›Auf meinem Diwan wird Österreich lebendig.‹ Die jüdische Journalistin Berta Zuckerkandl-Szeps und ihr Wiener Salon.« In: »*Not an Essence but a Positioning.*« *German-Jewish Women Writers (1900–1938)*. Hg. v. Andrea Hammel u. Godela Weiss-Sussex. München 2009, S. 165–180, S. 174.
3 George Clemenceau (1841–1929) verhandelte für Frankreich als Ministerpräsident die »Pariser Friedensverträge« (1919–1920).
4 Vgl. die Analysen in: Meysels, Lucian O.: *In meinem Salon ist Österreich. Berta Zuckerkandl und ihre Zeit*. Wien, München 1984.
5 Lucian O. Meysels: *In meinem Salon ist Österreich*, S. 283.
6 Zuckerkandl Szeps, Berthe: *Clemenceau tel que je l'ai connu*. Alger: Ed. de la Revue Fontaine 1944.
7 Zuckerkandl, Berta: *Österreich intim. Erinnerungen 1892–1942*. Hg. v. Reinhard Federmann. Frankfurt/M., Berlin, Wien 1979.
8 Vgl. Original des Tagebuchs von Emile Zuckerkandl mit dem *Cahier* von B. Z. im Literaturarchiv der Österreichischen Nationalbibliothek, Sammlung Emile Zuckerkandl. Der Fluchtbericht von B. Z. erscheint im Czernin-Verlag. Zuckerkandl, Berta: *Flucht! Von Bourges nach Algier im Sommer 1940*. Hg. v. Theresia Klugsberger u. Ruth Pleyer. Wien 2012. »Im November, in Algier, habe ich Großmutter Berta gebeten, einen ausführlichen Bericht über ihre Flucht, über ihre Abenteuer zu schreiben. Hier ist er.« Übers.: T. K.
9 Berta Zuckerkandl an Franz Theodor Csokor, Brief, Algier, 6.5.1945. Wienbibliothek im Rathaus, Handschriftensammlung.

# ELAZAR BENYOËTZ
## »Schreibe ich Deutsch, tröste ich die Falschen«

»Ein Jahr vor Österreichs Anschluß an das Dritte Reich bin ich in Wiener Neustadt zur Welt gekommen, ein Jahr danach sollte ich schon von ihr ausgeschlossen werden, und das sollte meine ganze Geschichte gewesen sein. Eine Momentaufnahme ohne Aufgabe, ein weggedachter Weg.«[1]

Für den israelisch-jüdischen Schriftsteller Elazar Benyoëtz blieb Österreich lange eine offene Wunde. Dass Österreich ihm sein fernstes Land war, wie er sagt, wird ihm niemand verübeln können, zumal man ihn dort »nur allzu lang nicht suchen, ja nicht einmal vermissen wollte«[2]. Als er im Januar 2009 in Wien mit dem Österreichischen Ehrenkreuz für Wissenschaft und Kunst I. Klasse seine erste Auszeichnung im Geburtsland entgegennahm, war Benyoëtz, der als Erneuerer der deutschsprachigen Aphoristik gilt, in Deutschland längst ein gefeierter Dichter und für seine bedeutenden Beiträge zu Dichtung und Sprache mit vielen Preisen honoriert, unter anderem mit dem Adelbert-von-Chamisso-Preis durch die Bayerische Akademie der Schönen Künste (1988), dem Verdienstorden der Bundesrepublik Deutschland (1997) und dem Joseph-Breitbach-Preis durch die Akademie der Wissenschaften und der Literatur zu Mainz (2002).

Geboren wurde der heute in Tel Aviv und Jerusalem lebende Autor 1937 als Paul Koppel in Wiener Neustadt in Niederösterreich. Sein Vater, Gottlieb Koppel, führte am Hauptplatz der Stadt eine Gemischtwarenhandlung, bis die jüdische Familie – Vater, Mutter, Tochter und Sohn – 1939 flüchten musste und in Palästina eine neue Heimat fand. Mit der sogenannten fünften »alija«, der Einwanderungswelle nach der Machtergreifung Hitlers, erreichten sie auf dem bulgarischen Schiff »Rudnicar« am 19. Oktober 1939 die Küste bei Tel Aviv.

Seine Mutter, die dem Geist des Zionismus verpflichtet war und bereits als Mädchen Hebräisch gelernt hatte, zog ihn in der hebräischen Sprache auf. »Hebräisch wäre also von Anfang an die natürliche Sprache in unserem Haus gewesen«, schildert Benyoëtz. Aber bis zum Tod des Vaters hatte er »immer auch Deutsch im Ohr«, weil sein Vater, wie er rückblickend festhält, »sein

**95** Gottlieb Koppel mit seinen Kindern Susi und Paul, Wiener Neustadt 1939

**96** Überfahrt nach Palästina auf dem bulgarischen Schiff »Rudnicar«, 19. Oktober 1939

Wissen (aus Studium und Gebet)« nicht »in Sprache umzusetzen«³ vermochte und seine Eltern deshalb untereinander Deutsch sprachen. Gottlieb Koppel, der sich seit seiner Ankunft in Erez Jisrael Yoëtz Gottlieb ben Elazar nannte, starb Ende 1943. Yoëtz bedeutet »Ratgeber«. Zu Ehren seines Vaters nahm der Sohn den Namen Ben Yoëtz – »Sohn des Ratgebers« – an. Mit dem Tod des Vaters ging der Verlust der deutschen Sprache einher, erlosch für Elazar Benyoëtz seine früheste Kindheit und damit auch der letzte Rest von Österreich.

Aufgewachsen ist der Lyriker und Aphoristiker in Tel Aviv. Er besuchte eine Talmudhochschule, nahm von 1958 bis 1960 eine Anstellung als Lektor und Bibliothekar im Rabbi-Kook-Institut in Jerusalem an und legte 1959 das Rabbinerexamen ab. Darüber hinaus machte er sich einen Namen als hebräischer Dichter. Bereits im Alter von zwölf Jahren erschien sein erstes Gedicht in Druck und als 20-Jähriger veröffentlichte er seinen ersten Lyrikband, dem weitere folgen sollten.

Sein Weg als Jude und Israeli zurück ins Deutsche vollzog sich ebenfalls recht früh. Seiner eigenen Auskunft nach hat Benyoëtz von seinem 16. Lebensjahr an die deutsche Sprache anhand der Lektüre deutschsprachiger Bücher, in erster Linie anhand deutschsprachiger Literaturgeschichten, wieder erlernt.⁴ »Durch diese Bücher«, schreibt Benyoëtz, »wurde ich zum weiteren Lesen angeleitet, und in wenigen Jahren war ich ein guter Kenner auch von so viel Vergessenem und Vergessenswertem der deutschen Literatur. Das alles sollte mir später zugute kommen.«⁵ Den entscheidenden Impuls, sich von einem Schriftsteller hebräischer zu einem Schriftsteller deutscher Sprache zu entwickeln, erfuhr Benyoëtz während seiner Zeit am Rabbi-Kook-Institut. Dort kam er mit der deutsch-jüdischen Zeitschrift *Der Morgen* und dem Aufsatz »Kafka und das Hiobproblem« (1929) der Essayistin und Dichterin Margarete Susman in Kontakt.

Der Aufsatz, mit dem sie auf den damals weitgehend unbekannten Autor aufmerksam machte, hat eine breite Rezeptionsgeschichte erfahren und beeinflusste Walter Benjamin, Martin Buber, Gershom Scholem und nicht zuletzt Paul Celan. Susmans These war, dass es seit dem babylonischen Exil bis zur Dichtung Kafkas keine große Leistung des Judentums gab, die nicht im Letzten eine Theodizee gewesen sei.⁶ »Mich traf die Sichtweise und die Stimme, die da zu mir, ja nur zu mir sprach«, erinnert Benyoëtz sein Lektüreerlebnis. »Was mich beim Lesen des Aufsatzes so unverhofft ergriff, war das Erwachen des Lückenschmerzes und damit auch der Hoffnung auf ein

Zusammenwachsen des auseinandergerissenen Gefühls.«[7] Für den damals knapp über 20 Jahre jungen Mann war die in Zürich lebende und kurz vor ihrem 85. Geburtstag stehende Susman Antrieb und Unterstützung, seiner »Bestimmung« zu folgen, wie Benyoëtz es nennt, und sein deutsch-jüdisches Erbe anzutreten. Gleichzeitig war sie ihm eine Großmutter und füllte den tiefen Graben, den seine leiblichen Großmütter zurückgelassen hatten. Benyoëtz schreibt: »Im Jahre 1944, wenige Monate nach dem Tod meines Vaters, hieß es, die Großmutter und die Urgroßmutter dürften Budapest verlassen und sie wären eben im Kommen, gerade, bald … Mein Schwesterlein und ich – ich sehe es wie heute –, wir liefen hinaus über einen nahen Hügel. Rundherum pflückten wir ›Margaretkelech‹ für die geliebten Großmütter, die da unterwegs zu uns waren. Allein, sie waren nicht im Kommen und trafen nie ein. Die Erwartung wurde furchtbar enttäuscht. Sie wurde zu einer tiefen, ewig klaffenden Entbehrung. Was mir von Großmutter und Urgroßmutter blieb, war nichts als diese Erinnerung an den Hügel.«[8]

**97** Paul und Susi Koppel mit Mutter, Groß- und Urgroßmutter, 1939

Es musste kurz vor ihrer Abreise gewesen sein, als die beiden Frauen aus Budapest deportiert, ins Konzentrationslager Auschwitz gebracht und ermordet wurden. Die Auseinandersetzung mit der Shoa und das Anschreiben gegen die Verschleierung und Relativierung des Völkermordes sind immer wiederkehrende Motive seiner Dichtung.[9] So heißt es in einem Aphorismus: »Rom wie Jerusalem sind nur noch über Auschwitz zu erreichen.«[10]

Zu Beginn war es Benyoëtz' Absicht, sich die jüdisch-deutsche Dichtung so weit zu erschließen, dass er sie in einer gewissenhaften Auswahl, in seiner Übersetzung, dem israelischen Publikum überliefern könne.[11] In diesem Bewusstsein reiste er 1962 zum ersten Mal wieder nach Österreich, bevor er sich mit Unterbrechungen von 1964 bis 1968 in Deutschland aufhielt. Bei seiner Suche nach jüdischen Autorinnen und Autoren musste er feststellen, dass sehr viele bibliografisch nicht erfasst waren. Deshalb entschloss er sich, dies selbst zu bewerkstelligen. Im Rahmen des Programms »Artists in Residence« der Ford Foundation ging er 1964 nach West-Berlin und gründete dort ein Jahr später die »Bibliographia Judaica«, eine auf inzwischen 18 Bände angewachsene einzigartige Dokumentation deutsch-jüdischer Literatur.

> Esp 60/3 ES 40/5 W 71/3 VV 93/5
>
> Rom wie Jerusalem sind nur noch über Auschwitz zu erreichen.

**98** Aphorismus-Karteikarte, ohne Datum

In diesem Zusammenhang kam es zu ausführlichen und umfangreichen Briefwechseln mit zahlreichen deutsch-jüdischen Intellektuellen, unter ihnen auch Theodor W. Adorno, der dem Unternehmen skeptisch begegnete, da nicht alle jüdischen Autorinnen und Autoren auf eine Stufe zu stellen seien. Das war auch Benyoëtz klar, nicht klar hingegen war ihm, »ob es nur einen Kafka gegeben hat«[12]. Kritik erfuhr er auch aus Israel. Anfang der 1960er-Jahre hatte es noch keine diplomatischen Beziehungen zwischen Israel und der Bundesrepublik gegeben. »Vielen Israelis waren damals solche Beziehungen auch undenkbar und jedenfalls unerwünscht. [...] Ich sollte der erste hebräische Dichter sein, der in der ›verbotenen Zeit‹ sich länger in Deutschland aufhielt. [...] Dafür mußte ich lange büßen.«[13]

1968 kehrte Benyoëtz nach Israel, aber nicht ins Hebräische zurück. Seit seiner Rückkehr publiziert er fast ausschließlich in deutscher Sprache und veröffentlichte 1969 in Berlin mit *Sahadutha* seinen ersten deutschsprachigen Band mit Aphorismen. 1973 folgte mit *Einsprüche* ein zweites und 1975 mit *Einsätze* ein drittes Buch in deutscher Sprache. Insgesamt ist das lyrische, aphoristische und essayistische Werk des Autors in hebräischer und vor allem in deutscher Sprache in mehr als 45 selbstständigen Buchausgaben von 1957 bis heute erschienen.

Elazar Benyoëtz ist sich der besonderen Situation bewusst, nach der Shoa als Israeli und Jude in Deutsch zu schreiben: »Schreibe ich Deutsch, tröste ich die Falschen«[14], heißt es in einem seiner Bücher. Und an anderer Stelle: »Nie werde ich für andere schreiben, noch geschrieben haben können, als für die Überlebenden unter den Mördern meines Volkes und deren Kindeskinder.«[15] Dem entgegen setzt er allerdings die Einsicht, dass nicht nur die Hölle »deutsch geplant und ausstaffiert [war], auch das Entrinnen aus der Hölle bedurfte des deutschen Ausdrucks. [...] Die deutsche Sprache spielte das jüdische Schicksal. Das Schicksal des jüdischen Volkes, von Jiddisch bis Auschwitz, ist deutsch geprägt. Was man für jüdisch hält, was jüdisch haltbar ist, es läßt sich ohne Deutsch nicht breit genug denken, geschweige denn ausdenken.«[16]

Der Zwiespalt des deutsch schreibenden Hebräers durchzieht Benyoëtz' gesamtes Werk und ist mit vielen Zitaten belegbar. Es wäre aber nicht Benyoëtz, würde er seiner »Doppelexistenz in zwei Welten«[17] nicht auch mit Ironie begegnen: »Der Hebräer in mir bringt allen Eifer auf, das durch mich deutsch Gedachte zu widerlegen, während mein Deutsch sich standhaft genug erweist, den eifernden Hebräer zu fixieren und ihm mit einer geradezu jiddischen Geschmeidigkeit zu widersprechen.«[18] Letztlich ist es genau dieser Umstand, der seine Dichtung auszeichnet und sie so außergewöhnlich macht: das Denken und Schreiben in deutscher Sprache und mit hebräischem Hintergrund.

Dass die Republik Österreich Elazar Benyoëtz mit einer ihrer höchsten Auszeichnungen spät, aber doch ihre öffentliche Anerkennung und Wertschätzung entgegenbrachte und er nun auch in seinem Geburtsland öffentlich wahrgenommen wird, dürfte die offene Wunde verschlossen haben – die Narben werden freilich bleiben. In seiner Dankesrede für das Ehrenkreuz fand er jedenfalls versöhnliche Worte: »Variationen über ein verlorenes Thema. [...] Variaziot al Nosse Awud hieß ein hebräischer Gedichtband,

**99** Ankunft in Berlin, 1964

1961 in Jerusalem erschienen, mein letzter vor meinem Aufbruch ins Deutsche; Variationen über ein verlorenes Thema hieß mein 1997 erschienenes Buch um den Glauben [...]. Das dritte verlorene Thema, das sich mir nur durch Variationen darüber erschließt, ist die Stunde meiner Geburt unter diesem Himmelsstrich – und die Wiedergeburt, die eben jetzt vor sich geht – im ehrenvollen Anschluss an den schmachvollen von anno 38.«[19]

*Michael Hansel*

1 Benyoëtz, Elazar: *Allerwegsdahin. Mein Weg als Jude und Israeli ins Deutsche*. Zürich, Hamburg 2001, S. 9.
2 Strigl, Daniela: »Der nie verlorene Sohn.« In: *Der Standard*, 22.5.2010, Album, S. 10.
3 Brief von Elazar Benyoëtz an Harald Weinrich vom 29.10.1981. In: Elazar Benyoëtz: *Vielzeitig. Briefe von 1958–2007*. Bochum 2009, S. 107–110, hier S. 108.
4 Vgl. Wittbrodt, Andreas: »Hebräisch im Deutschen. Das deutschsprachige Werk von Elazar Benyoëtz.« In: *Zeitschrift für Deutsche Philologie* (2002), H. 4, S. 584–606, hier S. 587.
5 Brief von Elazar Benyoëtz an Harald Weinrich vom 29.10.1981. In: Elazar Benyoëtz: *Vielzeitig*, S. 109.
6 Vgl. Garhammer, Erich: »›Meine deutsche Dichtung platzt aus allen Nöten.‹ Elazar Benyoëtz und die deutsche Sprache.« In: *Humor – Leichtsinn der Schwermut. Zugänge zum Werk von Elazar Benyoëtz*. Hg. v. Michael Bongardt. Bochum 2010, S. 59–67, hier S. 64.
7 Brief von Elazar Benyoëtz an Clara von Bodman im Oktober 1966. In: *Solange wie das eingehaltene Licht. Briefe 1966–1982. Clara von Bodman/Elazar Benyoëtz*. Hg. v. Hildegard Schultz-Baltensperger. Konstanz 1989, S. 31–35, hier S. 34.
8 Ebd.
9 Vgl. Wittbrodt: *Hebräisch im Deutschen*, S. 590.
10 Benyoëtz, Elazar: *Treffpunkt Scheideweg*. München, Wien 1990, S. 63.
11 Brief von Elazar Benyoëtz an Harald Weinrich vom 29.10.1981. In: Elazar Benyoëtz: *Vielzeitig*, S. 109.
12 Benyoëtz: *Allerwegsdahin*, S. 114.
13 Ebd., S. 90.
14 Ebd., S. 131.
15 Benyoëtz: *Treffpunkt Scheideweg*, S. 141.
16 Benyoëtz: *Allerwegsdahin*, S. 185 und 88.
17 Weinrich, Harald: »Laudatio auf Elazar Benyoëtz, Chamisso-Preis 1988.« In: *Olivenbäume, die Eier legen. Ein Nachbuch*. Wien 2012, S. 178–182, hier S. 181.
18 Brief von Elazar Benyoëtz an Clara von Bodman vom 10.7.1972. In: *Solange wie das eingehaltene Licht*. Hg. v. Hildegard Schultz-Baltensperger, S. 95–97, hier S. 96.
19 Benyoëtz, Elazar: »Mein Denken und mein Dank an Österreich.« In: *Literatur und Kritik* (2009), H. 433/434, S. 28–34, hier S. 30.

**ADOLF PLACZEK**

## 2 Taghemden, 3 paar Socken, 10 Hüte – Dokumente einer Flucht

**100** Adolf Placzek in den USA, 1960er-Jahre

Adolf K. Placzek wurde 1913 in eine gut situierte Familie in Wien geboren. Zunächst folgte er der Familientradition und studierte Medizin. Seine besonderen Fähigkeiten versuchte er ab 1934 umzusetzen und nahm das Studium der Kunstgeschichte auf. Placzeks Studien über die venezianische Plastik im 14. Jahrhundert überzeugten in der akademischen Welt und stärkten den Willen, den begabten Studenten zu fördern. Mit der Annexion Österreichs an das Deutsche Reich wurde Placzek vom Dissertationsstudium an der Universität Wien ausgeschlossen. Er emigrierte 1939 über Großbritannien in die USA, wo er bis 1942 Bibliothekswissenschaft studierte, danach diente er bis 1946 in der US-Armee. Seit 1949 arbeitete Placzek in der Avery Architecture Library der Columbia University in New York, die er von 1960 bis 1980 leitete. Da er seit 1971 als Professor für Architekturgeschichte lehrte, gelang es ihm, die Avery Architecture Library zur wichtigsten Architekturbibliothek der USA zu erweitern. 1982 gab er die vierbändige *Macmillan Encyclopedia of Architects*[1] heraus. Seine Arbeiten über Andrea Palladio, Vitruvius oder Sebastiano Serlio[2] setzten noch immer gültige Maßstäbe. Placzek starb im Jahr 2000 in New York.

Neben seiner wissenschaftlichen Tätigkeit betätigte sich Placzek nachweislich seit 1931 auch literarisch.[3] Dieser Teil seines Schaffens beschäftigt sich in Dialogen und szenischen Arbeiten mit der Herleitung des Humanismus aus der Antike. Essays, Erzählungen und Gedichte weisen stark autobiografische Züge auf. Diese Texte nehmen zumeist Wendungen in die Philosophie. Für seine literarische Textproduktion verwendete Placzek zeitlebens die Sprache seiner Herkunft, deutsch.[4]

Florenz                                    23.6.1938

    Ich habe die Studien von Herrn Adolf Placzek-Eisler
von ihrem Anfang an verfolgt und würde warm begrüssen,wenn der
äusserst begabte Student sie zu einem würdigem Abschluss bringen könnte.DieseStudien,die die Erforschung der noch wenig studier-
ten Plastik Venedigs im XIII. Jhdt. zum Gegenstand haben, bilden
sozusagen eine Vorstufe zur Geschichte der venezianischen Skulp-
tur im 14. Jahrhundert,die ich im Jahre 1916 veröffentlicht habe.
Damals konnte ibh gewisse Fragen nur streifen,sodass ich das Un-
terfangen des Herrn Placzek-Eisler sehr begrüsst habe.Es wäre
schade,wenn er sie nicht fortsetzen könnte,nachdem er sie so
verheissungsvoll begonnen hat.Das XIII.Jahrhundert in Venedig
birgt Problemex von nicht geringer Bedeutung,handelt es sich doch
um die Vermählung des sinkenden Byzantinismus mit der neu aufge-
tauchten abendländischen Kunst.

    Ich wiederhole: Herr Placzek-Eisler hat die notwendigen
Vorarbeiten geleistet und meine Wünsche gehen dahin,dass er seine
Arbeit vollende.

    Deshalb empfehle ich ihn wärmstens dem International
Student Service.Er verdient in jeder Hinsicht eine Unterstützung.

        Florenz,den 23.6.1938

                gez.Dr.L. Planiscig

stimmt mit dem mir vorliegenden, ungestempelten
Originale vollkommen überein.- Wien,am dreissigsten Juni Ein-
tausendneunhundertachtunddreissig. - - - - - - - - - -
Geb.s.Stpl. RM --.87

**101** Empfehlungsschreiben aus Florenz vom 23. Juni 1938, mit notarieller Beglaubigung

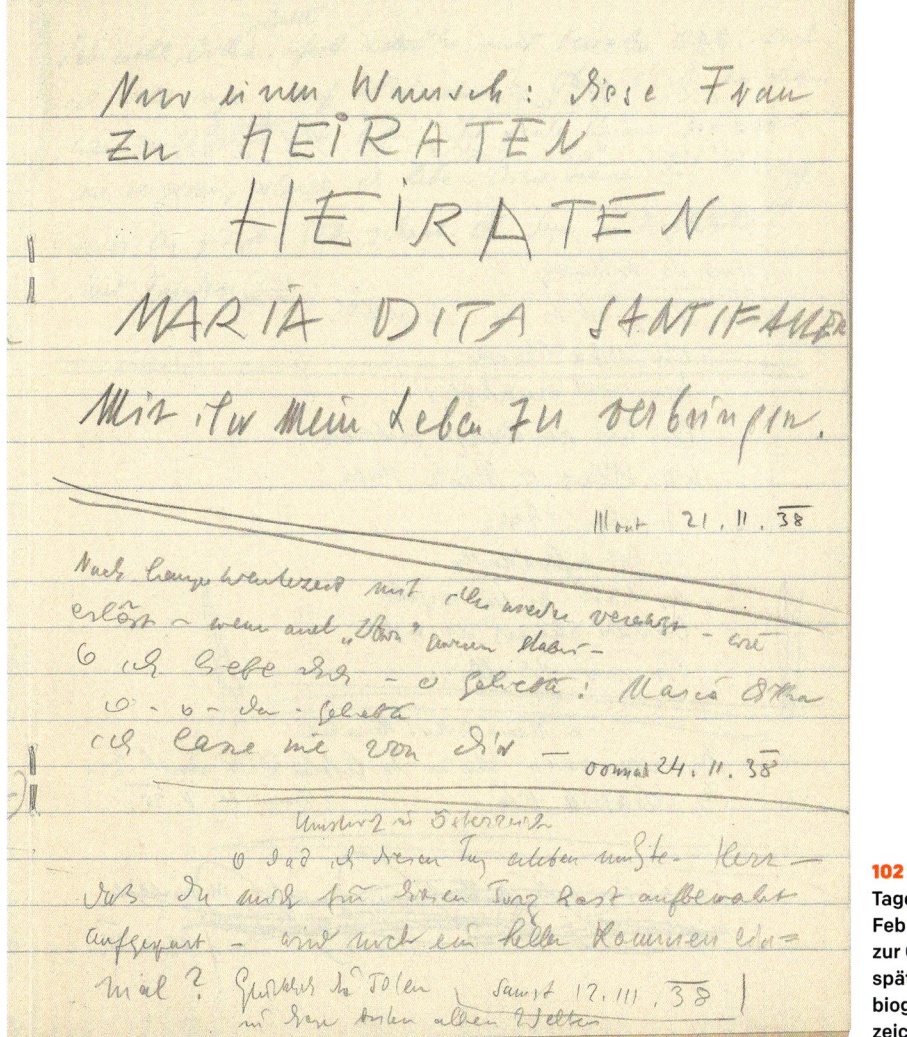

**102** Aus dem Tagebuch von Ende Februar 1938, das zur Grundlage der späteren autobiografischen Aufzeichnungen wurde

So trennte er während der gesamten Zeit seit seiner Flucht die im Gastland verwendete Arbeitssprache von der Sprache seines literarischen Schaffens. Selbstkritisch merkt er 1986 im Gedicht-Zyklus *Exile* an: »Es geschieht dann, / daß man zwei Sprachen spricht, / eine tote und eine neue. / Spricht der Mund diese, / hängt im Zungenschlag noch die andre. / Ein Blitz, ein Schrecken, die / äußerste Trauer: und / keine Sprache!«[5]

Die im literarischen Nachlass erhaltenen Lebensdokumente lassen erkennen, welche Anstrengungen Placzek unternehmen musste, um mit der Flucht aus Österreich sein Leben zu retten. Der besondere Wert dieser Dokumente liegt in ihrer Vielfalt und der großen Zahl, die einen besonders aussagekräftigen Gesamteindruck ergeben.

Zwei Eintrittskarten für den Opernball vom 15. Februar beispielsweise korrespondieren mit einer Passage aus der Erzählung *Traumfahrt mit der Familie:* »Jetzt beginnt das Jahr 1938. [...] Ich führe meine Angebetete auf den Opernball, im Frack meines Vaters und sie trägt das schönste Abendkleid aller Zeiten, aber die Walzer klingen ein wenig matt, und die Stimmung scheint flau, aber das mag Einbildung sein, doch der Bundeskanzler Schuschnigg in der Kaiserloge schaut ganz besonders nervös drein, das merkt man auch dann, wenn man kein Menetekel an der Wand sieht.«[6]

Nach der traumatisch erlebten Annexion Österreichs an das Deutsche Reich bemühte sich die Familie noch, Selbstbewusstsein zu zeigen, denn »es war aber trotzdem wichtig, auf die Straße zu gehen und Beziehungen zu unterhalten«.[7]

Noch am 4. Mai bescheinigt der Vorstand des Instituts für Kunstgeschichte der Universität Wien, Hans Sedlmayr (1896–1984), Placzek einen guten Studienerfolg und dass er an einer Dissertation arbeite.[8] In einem ausgefüllten Vordruck, datiert mit 30. Mai 1938, wird Placzek das Weiterstudium verweigert und ihm gleichzeitig »freigestellt im kommenden Semester neuerlich um eine Inskriptionsbewilligung anzusuchen«. Am 1. Juli bestätigte Sedlmayr neuerlich das bis dahin durchgehend erfolgreiche Studium Placzeks; das Abgangszeugnis der Universität Wien wurde am 8. Juli ausgestellt.[9] Diesen Dokumenten, die den Eindruck des Wohlwollens Sedlmayrs insinuieren, stehen die Akten des Institutsarchivs gegenüber. PD Hans Tietze (1880–1956) war die einzige jüdische Lehrkraft am Institut, da bereits im Ständestaat eine antisemitisch motivierte Exklusion am Institut für Kunstgeschichte vollzogen wurde.[10] Tietze hatte sich 1908 habilitiert, er war am Tag vor der Annexion zur Erstellung eines Gesamtcorpus venezianischer Zeichnungen des 15. und 16. Jahrhunderts nach Italien gereist.[11] Bereits am 22. März hatten alle Bediensteten des Instituts den Amtseid auf den Führer abgelegt, was einer Gleichschaltung an das Deutsche Reich gleichkam.[12] Sedlmayr hatte erst gar nicht die *allgemeinen Bestimmungen gegen die Überfremdung der deutschösterreichischen Hochschulen durch jüdische Hörer*[13] abgewartet, sondern richtete nur zwei Tage später an den provisorischen Rektor Fritz Knoll mehrere Fragen zur Handhabung der im übrigen Reich geltenden Bestimmungen, darunter: »Werden Juden fortab zu (sic!) Doktorat überhaupt nicht mehr zugelassen? Wie steht es mit denen, die knapp vor dem Doktorat stehen? An einer Dissertation arbeiten? Oder deren Dissertation schon approbiert ist?«[14]

Von dieser Verordnung und ihrer rigorosen Handhabung waren mindestens 35 Studierende und Absolventen der Kunstgeschichte betroffen.[15] Die Zwangsbeurlaubung aller an der Universität Wien beschäftigten jüdischen Lehrkräfte erfolgte am Tag nach Placzeks Relegation, am 31. Mai.[16] Die Einträge im Studienbuch von Placzek ergeben ein widersprüchliches Bild, denn er hatte vom Wintersemester 1934/35 bis zum Wintersemester 1937/38 bei Sedlmayr 21 Lehrveranstaltungen besucht und – mit 15. Februar 1938 noch bestätigt – drei Lehrveranstaltungen im Sommersemester 1938 bei ihm belegt. Welchen Einfluss die Lehrinhalte des damaligen Institutsvorstands auf die späteren Forschungen Placzeks hatten, kann Gegenstand späterer Recherchen sein.

**103** Schutzumschlag, Zsolnay 2000

Seiner beruflichen Perspektiven beraubt, bereitete sich Placzek umgehend auf die Emigration vor. Der Vordruck mit der Ankündigung des Ausschlusses von der Universität stammt von Montag, den 30. Mai, ein Leumundszeugnis stellte die Bundespolizeidirektion Wien am Freitag, dem 3. Juni aus.[17] Zu dieser Zeit war an einen illegalen Grenzübertritt nicht mehr zu denken, mehrere Dokumente belegen, dass die Schikanen seitens der Bevölkerung Wiens in einem Ausmaß zugenommen hatten, dass sogar deutsche Funktionäre mäßigend einwirken mussten.[18] Zu diesen Belastungen kam hinzu, dass die USA für die Einreise ein Affidavit verlangten und Visumswerber in vorgegebenen Quoten kontingentierten.[19] Mit 16. August 1938 wurde Placek (sic!) im »amerikanischen Generalkonsulat Wien, Deutschland« unter der Vormerknummer 41856 zwecks Einwanderung in die Vereinigten Staaten auf einer deutschen Warteliste registriert. Diese Benachrichtigung trägt den Stempel vom 29. März 1939, also mehr als sieben Monate nach der Vormerkung.[20]

Der Reisepass mit dem von der Schweiz durchgesetzten »J« wurde am 4. November 1938 ausgestellt. Einerseits erfolgte die Ausstellung relativ spät, da Heydrich und Gauleiter Bürckel die Auswanderung jüdischer Staatsbürgerinnen und Staatsbürger zu diesem Zeitpunkt noch forcierten,[21] wofür auch

**104** Reisepass des Deutschen Reiches, ausgestellt am 4. November 1938

die Gültigkeitsdauer von nur einem Jahr spricht. Die Motivation für diese Erleichterungen war keinesfalls humanitärer Art, sondern diente der organisierten Geldbeschaffung mittels Reichsfluchtsteuer.²² Andererseits erfolgte die Bereitstellung des Reisedokuments noch ohne zusätzliche Schikanen knapp vor der Pogromnacht vom 10. auf den 11. November. Die Wohnung in der Wasagasse 2, die Placzek bis zu seiner Flucht behalten sollte, war verschont geblieben. Für einen Teil seiner Verwandtschaft bedeuteten diese Tage jedoch den Anfang der Verfolgung, die mit deren Ermordung endete: »[…] und ich gedenke der Kristallnacht. Das war der erste Pogrom. Sie brachen in einige Häuser ein, in andere aber nicht. In der Peter-Jordan-Straße zerstörten sie alles und führten die jungen Männer ab.«²³

Viel später, in seinen letzten Jahren, lässt Placzek den Zyklus *Exile* wie folgt enden: »Eine weitere Fremdartigkeit/ tritt jetzt durch die vertraut gewordene Tür:/ der Gedanke an den eigenen Tod./ Selbst der Quasare Pogromblick/ scheint warm/ vor dem Eis dieser neuen Vertreibung.«²⁴

Vom 10. Dezember 1938 stammt ein Zertifikat der Autofahrschule Fischl über die Absolvierung eines Auto-Fahrkurses. Führerscheine von Juden wurden mit der Annexion eingezogen.²⁵

Im folgenden Jahr stellte Dr. Schwarz am 9. Februar 1939 ein Formular in englischer Sprache aus, das bestätigte, dass Mr. Adolf Placzek körperlich und geistig gesund sei.²⁶ Am 1. März erklärte das Wehrmachtskommando Placzek mit dem Vermerk »Jude« als wehrunwürdig. Adolf Kurt Placzek wird hier noch als Student geführt. Das Zahnatelier Alois Kaufmann stellte ihm am 22. März ein Zeugnis aus, wonach Placzek für eine Umschulung »in der von der Behörde vorgeschriebenen Zeit« in der Zahntechnik und speziell in der Kautschukprothetik »vollkommen ausgebildet wurde«.²⁷ Gerade die knappen Formulierungen und das formlose karierte Papier dieses Zeugnisses bestätigen den laxen Umgang mit Umschulungsdokumenten, der zur Vertreibungspraxis der von Adolf Eichmann geleiteten »Zentralstelle für jüdische Auswanderung in Wien« gehörte.²⁸

**105** Ausschließungsschein des Wehrmachtskommandos Wien, 1. März 1939

Die Vormerkung für die Einreise in die USA wurde am Mittwoch, dem 29. März, gestempelt. Am Dienstag der folgenden Woche, dem 4. April, hatte Placzek die notwendigen Dokumente bereit, wie aus einem Stempel im Reisepass hervorgeht, um ein Durchreisevisum nach Großbritannien zu erhalten, freilich unter der Auflage »that the holder will emigrate from the United Kingdom on completition of his training«. Der Stempel der Österreichischen Creditanstalt-Bankverein über die Ausschöpfung der Reisefreigrenze in der Höhe von 9,92 Reichsmark im selben Reisepass stammt vom 21. April. – Möglicherweise konnte Placzek die maximal gewährten 10 Reichsmark nicht mehr aufbringen.[29] Am selben Tag stempelte die Devisenstelle Wien die Liste des Auswanderers Adolf Kurt Israel Placzek ab. Der Vordruck »Umzugsgut des Auswanderers« wurde per Schreibmaschine mit »Reisegepäck« überschrieben. Im angegebenen Handkoffer hatten – abgesehen von zwei Taghemden – nicht einmal ein wärmender Pullover oder gar eine zweite Garnitur Bekleidung Platz. Die angegebene Anzahl von »10 Hüten, 2 Kappen, 1 Strohhut und 3 Kravatten« waren nicht der Eitelkeit geschuldet, sondern unter Umständen Placzeks Willen, seine akademische Zukunft durch Statussymbole zu unterstützen. Laut Passvermerk traf Placzek am 29. April 1939 in Harwich ein. Damit gehörte er zu den ca. 100.000 Österreichern, denen mit Unterstützung der Israelitischen Kultusgemeinde die Flucht aus Österreich bis Mai 1939 gerade noch rechtzeitig gelang.[30] Das Ausbürgerungsgesetz vom 11. Juli 1939 bildete eine weitere Voraussetzung für die Deportationen in die Vernichtungslager.[31]

Spät, 1993, ehrte die Universität Wien ihren einstigen Studenten Prof. Placzek. In seiner Antwort nannte er Sedlmayr vorsichtig »eine zweifelhafte Gestalt«. In seinen literarischen Schriften arbeitete Placzek die Erniedrigungen, Verletzungen und Verluste in den frühen Jahren ab. Seine Schwierigkeiten, sich in New York einzuleben, fanden in *Wiener Gespenster*[32] Niederschlag. Am Ende dieser Auseinandersetzungen steht aber Versöhnung, wie Placzek nach seinem vorletzten Besuch in seinem Gedicht *Wien 1987* notierte: »[...] die Tante Kary ist tot, die Buben sind tot / die Mutter ist tot, / tot sind sie alle / und doch scheint die Sonne / hier schöner als anderswo / in diesem September, ist das Heimkehr, Einkehr, / Wiederkunft oder Abschied? / Aber was macht das aus / diese paar Herbsttage lang, / wenn alle Ecken und Winkeln / so voll Duft sind und Klang sind / und ewiger Kindheit?«[33]

*Werner Rotter*

Reisegepäck
**Umzugsgut des Auswanderers:**

Adolf Kurt Israel Placzek         Wien 9. Wasagasse 2
(Name)                                       (letzte inl. Anschrift)

| Lfd. Nr. | Gegenstände Stück | Art | Zeitpunkt der Anschaffung | Wert der nach 1.1.1938 erworbenen Gegenstände | Bemerkungen |
|---|---|---|---|---|---|
| 1 | 1 | Handkoffer | | | |
| 2 | 1 | paar Schuhe mit Leisten | | | |
| 3 | 1 | paar Hausschuhe | | | |
| 4 | 2 | Taghemden | | | |
| 5 | 1 | Nachthemd | | | |
| 6 | 2 | Unterhosen | | | |
| 7 | 1 | Kleiderbürste | | | |
| 8 | 1 | Fieberthermometer | | | |
| 9 | 1 | Garnitur Toiletteartikel | | | |
| 10 | 1 | Rasierzeug | | | |
| 11 | 1 | Essbesteck | | | |
| 12 | 1 | Pyjama | | | |
| 13 | 3 | Sacktücher | | | |
| 14 | 3 | paar Socken | | | |
| 15 | 2 | Handtücher | | | |
| 16 | 1 | Aktentasche mit Dokumenten | | | |
| 17 | 2 | Brillen | | | |
| 18 | 1 | Füllfeder | | | |
| 19 | 1 | Füllbleistift | | | |
| 20 | - | Briefpapier | | | |
| 21 | 1 | Wörterbuch | | | |
| 22 | 1 | Bädecker | | | |
| 23 | 1 | Brieftasche | | | |
| 24 | 1 | Tabatière (Alpaka) | | | |
| 25 | 1 | Schlafrock | | | |
| 26 | 1 | Chromnickelarmbanduhr | | | |
| 27 | 1 | Weckuhr | | | |
| 28 | 1 | Hutkoffer | | | |
| 29 | 10 | Hüte | | | |
| 30 | 2 | Kappen | | | |
| 31 | 1 | Strohhut | | | |
| 32 | 3 | Kravatten | | | |
| 33 | 1 | Reisepolster | | | |

Die Ausfuhr der verzeichneten Gegenstände wird genehmigt.
Diese Genehmigung wird zwei Monate nach ihrer Erteilung unwirksam.

Wien, am 21. April 1939
Devisenstelle Wien
i. A.

**106** Reisegepäck des Auswanderers, Devisenstelle Wien, 21. April 1939

1 Für alle biografischen Eckdaten vgl. Wendland, Ulrike: *Biographisches Handbuch deutschsprachiger Kunsthistoriker im Exil. Leben und Werk der unter dem Nationalsozialismus verfolgten und vertriebenen Wissenschaftler.* Teil 2, L–Z. München 1999, S. 519f.
2 Zur Würdigung von Placzeks wissenschaftlicher Tätigkeit vgl.: *Adolf K. Placzek, former Avery Librarian, dies at 87*, 2000, http://library.columbia.edu/content/libraryweb/news/libraries/2000/20000319_placzek.html (Stand 28.9.2012).
3 Vgl. ÖLA 174/W-Nachreichung.
4 Dieser Teil wurde nach Wien in das Literaturarchiv der Österreichischen Nationalbibliothek überführt und umfasst 21 Boxen.
5 ÖLA 174/W5/7, Bl. 5.
6 Placzek, Adolf: *Traumfahrt mit der Familie*. Frankfurt/M. 1999, S. 61.
7 Placzek: *Traumfahrt*, S. 64.
8 ÖLA 174/L3.
9 Alle drei Dokumente: ÖLA 174/L3.
10 Vgl. Aurenhammer, Hans H.: »Hans Sedlmayr und die Kunstgeschichte an der Universität Wien 1938–1945.« In: *Kunst und Politik 5*. Hg. v. Jutta Held u. Martin Papenbrock. Göttingen 2003, S. 160–194, Zitat S. 163.
11 Feichtinger, Johannes: *Wissenschaft zwischen den Kulturen. Österreichische Hochschullehrer in der Emigration 1933–1945*. Frankfurt/M. 2001, S. 398 u. 401. In seiner Abwesenheit wurde seine Bibliothek von der Gestapo beschlagnahmt.
12 Vgl. Aurenhammer, S. 162.
13 Vgl. ebd.
14 ebd., S. 179.
15 Vgl. ebd. S. 163. – Vgl. auch: Stadler, Fritz: »Zur Aberkennung akademischer Grade im zeitgeschichtlichen Kontext.« In: »*... eines akademischen Grades unwürdig«. Nichtigerklärungen von Aberkennungen akademischer Grade zur Zeit des Nationalsozialismus an der Universität Wien*. Hg. v. Herbert Posch. Wien 2005, S. 17–23, S. 18. Demnach wurden die Universitäten erst ab Juli 1939 ermächtigt, akademische Grade zu entziehen.
16 Vgl. Aurenhammer, S. 162.
17 ÖLA 174/L4/3.
18 Vgl. Moser, Johnny: »Die Apokalypse der Wiener Juden.« In: *Wien 1938*. Wien 1988, S. 287–297, insbesondere S. 291–292, und: *Dokumentationsarchiv des Österreichischen Widerstandes*, Vienna. Hg. v. Elisabeth Klamper. New York 1991, S. 230.
19 Vgl. Michels, Karen: *Transplantierte Kunstwissenschaft. Deutschsprachige Kunstgeschichte im amerikanischen Exil*. Berlin 1999, S. [1].
20 ÖLA 174/L4/9.
21 Vgl. Moser: *Die Apokalypse der Wiener Juden*, S. 289. Eine Durchführungsbestimmung von Gauleiter Bürckel stammt vom 20.8.1938. Vgl. auch: *Dokumentationsarchiv des Österreichischen Widerstandes*, S. 232–234.
22 Vgl. Jindra, Andreas: *Vertreibung und Entrechtung der Juden Wiens im Jahre 1938*. Dipl. Wien 1990, S. 35–36.
23 Placzek: *Traumfahrt*, S. 65.
24 ÖLA 174/W5/7, Bl. 8.
25 ÖLA 174/L4/3; Vgl. Moser: *Die Apokalypse der Wiener Juden*, S. 294.
26 ÖLA 174/L4/4.
27 ÖLA 174/L4/6.

28 Vgl. Anderl, Gabriele: *Die ›Umschulungslager‹ Doppl und Sandhof der Wiener Zentralstelle für jüdische Auswanderung auf der Homepage des DÖW*, 2004, http://www.doew.at/thema/sandhof_doppl/anderl1.html (Stand: 27.9.2012): »Wie man SD-intern zugab, war es im Rahmen der Umschulungskurse üblich, den Schülern Zeugnisse über einen größeren Zeitraum als den von ihnen abgedienten Zeitraum auszustellen, um die Chancen auf ein Einwanderungszertifikat zu verbessern.«
29 Vgl. Kloyber, Christian: »Man gab ihnen den Namen ›Emigranten‹.« In: *Wien 1938*. Wien 1988, S. 299–309, insbesondere S. 302.
30 Vgl. Moser: *Die Apokalypse der Wiener Juden*, S. 295.
31 Vgl. Kloyber, Christian: *Man gab ihnen den Namen ›Emigranten‹*, S. 302.
32 Placzek, Adolf: *Wiener Gespenster*. Wien 2000.
33 ÖLA 174/W7/Bl. 25.

# HERTHA PAULI
## »*Nur meinen Kopf*«[1]

Dies antwortete Hertha Pauli bei ihrer Einreise nach Amerika auf die Frage des amerikanischen Zollbeamten, ob sie denn kein Gepäck bei sich trage. Gleichzeitig markierte dies den Schlusspunkt ihrer 30 Monate dauernden Flucht durch Europa. Sie wird diese Erinnerungen zum Ende ihrer schriftstellerischen Karriere, in der Hörspiele und Kurzgeschichten ebenso zu ihrem Repertoire gehörten wie Romanbiografien und Kinderbücher, in ihrem letzten Werk noch einmal erzählen. Doch Hertha Pauli begann ihre Karriere eigentlich als Schauspielerin.[2]

**WIENER JUGEND**
Hertha Pauli wurde am 4. September 1906 in Wien als Tochter des Arztes und Biochemikers Wolfgang Pauli und der Journalistin und Mitstreiterin der Frauenbewegung Bertha Schütz geboren. Zusammen mit ihrem älteren Bruder Wolfgang, dem späteren Physikprofessor und Nobelpreisträger, wuchs sie im 19. Bezirk auf. Während ihrer Schulzeit am Döblinger Gymnasium glänzte sie mit hervorragenden Zensuren,[3] doch 1923, ein Jahr vor der Matura, brach sie die Schule ab, um Schauspielerin zu werden. Nach ihrem ersten Engagement am Breslauer Lobe-Theater holte sie Max Reinhardt 1927 nach Berlin.[4] Im Anschluss an die Machtergreifung der Nationalsozialisten in Deutschland 1933 kehrte Hertha Pauli wieder nach Wien zurück.

1936 entstand ihr erster Roman *Toni*. Doch nicht selten war das Geld knapp. Auch deshalb gründete sie zusammen mit Karl Frucht die »Österreichische Korrespondenz«, eine literarische Agentur, für die beispielsweise Egon Friedell, Franz Werfel und Lion Feuchtwanger als Autoren gewonnen werden konnten.[5] Hertha Pauli schrieb, geprägt von der immer exzessiver werdenden Aufrüstungspolitik der Deutschen und dem immer stärker werdenden Druck auf Österreich, an einer Romanbiografie zu Bertha von Suttner mit dem Titel *Nur eine Frau*, die noch 1937 erschien und der Pazifistin ein Denkmal setzte. Aber gerade wegen dieser pazifistischen Tendenz im Buch wurde es in Deutschland 1938 verboten, wogegen Hertha Pauli heftig protestierte.[6]

**107** Hertha Pauli, Autogrammkarte 1937

**DIE LETZTEN TAGE IN WIEN**

Am 11. März 1938 saß Hertha Pauli zusammen mit Karl Frucht und Walther Mehring im Café Herrenhof, als der dort auch anwesende Innenminister Seyß-Inquart jenen höchst schicksalhaften Anruf aus Berlin bekam. Als sie das Café verließen, fanden sich die drei in der schreienden Menge wieder. »Rot-weiß-rot bis in den Tod!« und »Heil Hitler!«[7] durchmischten sich. Wahl-Flugblätter fielen vom Himmel. Vorerst behielten sie die Ruhe und arbeiteten weiter wie immer. Doch allmählich realisierten auch sie den Ernst ihrer Lage.

Die drei planten ihre Flucht. Zuerst sollte Mehring aus Österreich flüchten. Pauli sollte ihm folgen, sobald dieser seine sichere Ankunft telegrafiert hatte. Sie war als Halbjüdin, wie Karl Frucht sie bezeichnete,[8] und aufgrund ihres verbotenen Romans gefährdet. Als Letzter sollte Frucht Österreich verlassen.

### DIE FLUCHT NACH PARIS

Hertha Pauli machte sich am 13. März, dem Wahltag in Österreich, mit dem Zug auf den Weg. An der Grenze wurden die Pässe eingesammelt und sie musste sich der Befragung durch einen SS-Mann stellen, ein stundenlanges, sich immer wieder im Kreis drehendes Kreuzverhör.[9] Schließlich konnte sie die Reise aber fortsetzen.

In Paris versammelten sich mehr und mehr vertriebene deutsche und österreichische Intellektuelle. Der Stammtisch von Joseph Roth im Café Tournon wurde auch zu Hertha Paulis Aufenthaltsort.[10] Sie führte auch in Paris ihre literarische Agentur weiter, schrieb antifaschistische Texte, die nach Deutschland geschmuggelt wurden, und verfasste eine Reihe von kulturpolitischen Beiträgen für die *Pariser Tageszeitung*. Meist waren es Reminiszenzen an die verloren geglaubte, aber geliebte Heimat.

1939 folgte Hertha Pauli der Einladung ihres Verlegers und verbrachte den Sommer in Clairac, einem kleinen, in der Gascogne gelegenen Dorf, »wo man den Krieg kaum ahnt«.[11] Die »Autrichienne«,[12] wie sie in Clairac genannt wurde, hatte dort eine romantische Liebesaffäre, die in ihr *Dossier d'amour* einfloss. Bereits vor Ort begonnen und in Paris fertiggestellt, wurde es 1942 unter dem Titel *Fremd in Frankreich* in der amerikanischen Exilzeitung *Neue Volkszeitung* veröffentlicht.[13]

Ende November kehrte sie wieder nach Paris zurück, die politische Lage hatte sich dramatisch zugespitzt und damit auch ihre persönliche Situation. Mit Kriegsbeginn war sie als deutschsprachige Emigrantin zur feindlichen Ausländerin geworden. Hertha Pauli suchte in der Arbeit an ihrem Roman Zerstreuung und bemühte sich in »dieser Zeit der Zerrissenheit«[14] um die Aufnahme in die österreichische Sektion des P.E.N. Club.

### »IM NAMEN VON UNS ALLEN«

Im Mai 1940 kam es im Westfeldzug zur vernichtenden Niederlage Frankreichs durch die vorrückende deutsche Wehrmacht.

»Die Situation war hoffnungslos, wir ohne Verteidigung ohne Hilfe. Wohin konnten wir uns wenden? Ganz Europa schien um uns zusammenzubrechen. Amerika, nur Amerika könnte noch ein sicherer Hafen sein. ›Uns bringt keiner hinüber‹, sagte Ernst Weiß. Plötzlich kam Natonek eine Idee. ›Thomas Mann – er ist drüben. Schreiben wir ihm, man soll uns holen.‹«[15]

Das Telegramm an Thomas Mann wurde verfasst und von Pauli, Mehring, Natonek und Weiß »im Namen von uns allen«[16] unterzeichnet. Damit trugen

Hertha Pauli :

## Some memoirs of the ANSCHLUSS

From 1933 on I was operating a litterary agency together with a friend in Wien which we called : Oesterreichische Korrespondenz ( Austrian Correspondence) short OK. Because of this name many people thought that it was an official agency - but it was not, though we represented Chancelor Schuschniggs book DREIMAL OESTERREICH für das Ausland, and among other prominent Austrian writers like Franz Werfel, Alfred Polgar, Franz T. Csokor two members of the government : Hammerstein Equard , commisionar for cultural propaganda, and Guido Zernatto, secretary of State, and head of the Vaterländische Front. ( Fatherland Front)

I had just published my second novel based on the life of the Austrian Pacifist Bertha von Suttner — was banned by the Nazis which later came out in this country aming other books of mine , as a biography of Alfred Nobel ( before my brother Wolfgang Pauli received the Nobel Prize in physics in 1945 ) the story of the Statue of Liberty , the biography of a former slvae " Her name was Sojourner Truth " and many juveniles. At present I am working on a book A CAUSE OF WAR ( About the last time of the Austro Hungarian monarchy ) for Appleton Century.

Two phoncalls are among my most unforgettable memories of the last days of Austria in 1938 — one I made and one I witnessed. Der erste fand statt nachdem ich zu meinem Schrecken von Schuschniggs Besuch bei Hitler in Berchtesgaden gehört hatte. Ich rief den mir befreundeten Staatssekretär Zernatto in der Vaterländischen Front an.

Ich :
Wieso ist denn Schuschnigg nach Berchtesgaden gefahren ?

**108** »Some memoirs of the ANSCHLUSS«, Typoskript von Hertha Pauli, ohne Datum

sie zur Gründung des »Emergency Rescue Committee« bei, das vielen Intellektuellen und Künstlern das Leben retten sollte.

Kurze Zeit später flüchteten Mehring und Pauli Richtung Südfrankreich. Die Flucht zog sich, »es war wie ein quälender Angsttraum«.[17] Über ihnen drohten die deutschen Flieger, umgeben von der Flüchtlingsmasse und mit geschwollenen und blutigen Füßen unterwegs, so schildert Hertha Pauli: »Ich wollte am Strassenrand sitzen bleiben, lieber sterben, als noch gehen.«[18] Denn sie schätzte ihre Lage als hoffnungslos ein: »Unsere Flucht aus Paris hatte kein Ziel mehr, als der Waffenstillstand ausbrach.«[19] Doch Walther Mehring konnte sie zum Weitergehen animieren.

### MARSEILLE UND SEIN MENSCHENFISCHER

In Marseille angekommen, trafen sie wieder auf viele Altbekannte: Alma und Franz Werfel, Lion Feuchtwanger, Heinrich Mann. Sie alle waren voller Hoffnung, Europa verlassen zu können. Doch Marseille glich in Paulis Augen eher einer »Mausefalle«.[20] Denn von dort kam man nicht davon, keine Ausreisegenehmigung, kein Schiff, nur die Angst, verhaftet und in ein Lager abgeschoben oder an die Gestapo ausgeliefert zu werden. Das Leben fand zwischen dem amerikanischen Konsulat, wo man versuchte, ein begehrtes Visum zu ergattern, und der Bar Mistral statt, wo man sich traf, wartete und verzweifelt immer wieder nach Auswegen in dieser ausweglosen Situation suchte. Eines Tages bekam Hertha Pauli in der amerikanischen Botschaft ihr Visum. »Niemals auf der langen Flucht hatten meine Knie so gezittert, wie jetzt – bei der Rettung.«[21] Doch eine Ausreisegenehmigung erhielt sie nicht. Dafür gab es endlich die ersehnte Antwort auf das Telegramm. Die Antwort war sehr vage und zunächst wenig verheißungsvoll: »›*Rescue visa following, by messenger maybe*‹ (Hervorh. im Orig.).«[22] Die Bedeutung war ihnen lange nicht klar.

Doch bald sollte es sich klären: Ein Amerikaner, Varian Fry, wurde im Auftrag des »Emergency Rescue Committee«, einem »Experiment demokratischer Solidarität«[23], nach Marseille geschickt, um vor Ort gefährdeten, demokratisch gesinnten Künstlern und Intellektuellen »Emergency Visa« auszustellen, die ihnen die Ausreise nach Amerika vereinfachten sollten. Fry organisierte zudem Schiffspassagen und suchte nach Fluchtrouten über die Pyrenäen, um gefährdete Personen auf Schleichwegen aus Frankreich herauszubringen. Auch Hertha Pauli.

Die Wege hatte er auf einer Karte aufgezeichnet.[24] Diese Karte, die Karl Frucht damals genau kopiert hatte, ist auch im Nachlass in einem Schreiben

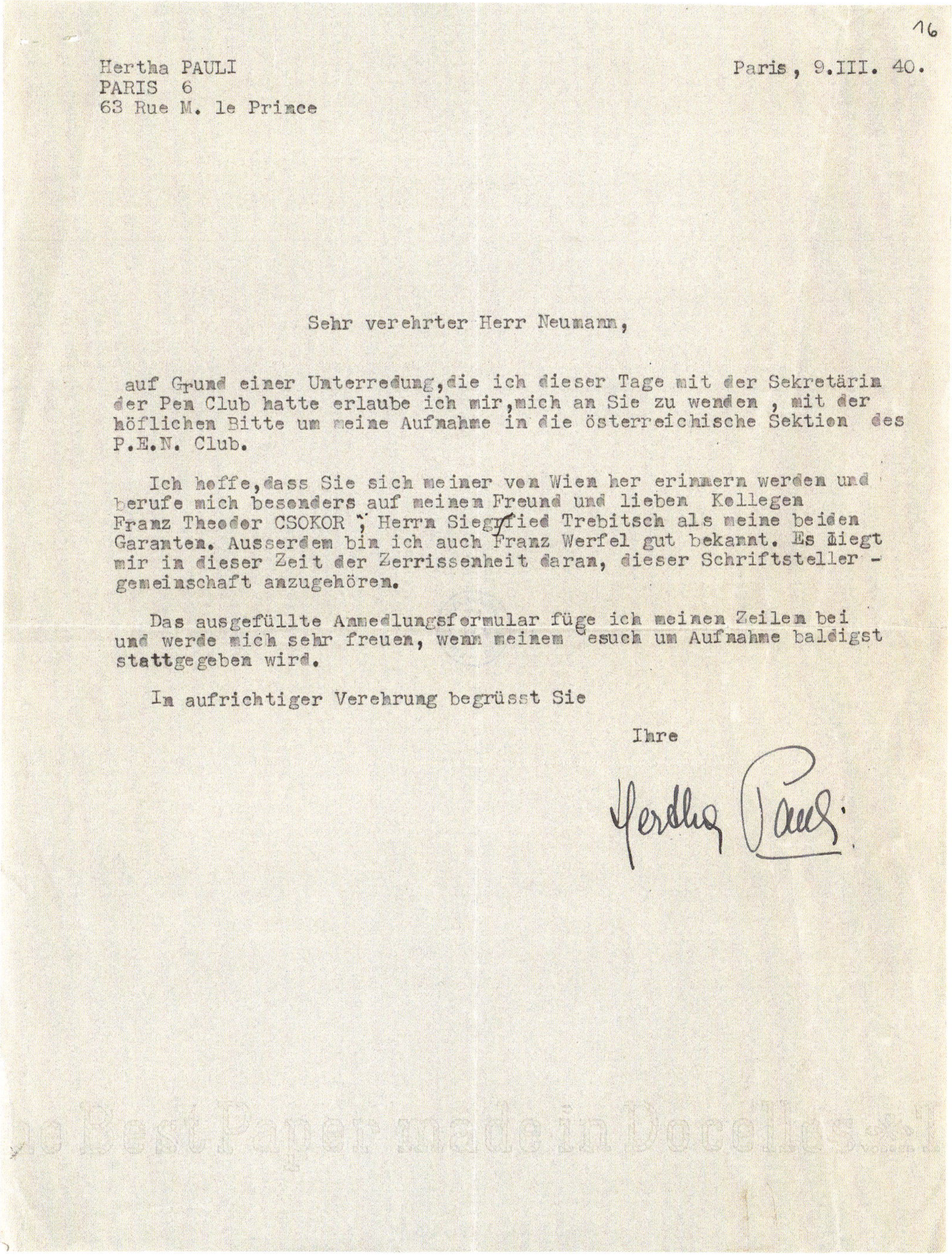

Hertha PAULI  
PARIS 6  
63 Rue M. le Prince

Paris, 9.III. 40.

Sehr verehrter Herr Neumann,

auf Grund einer Unterredung, die ich dieser Tage mit der Sekretärin der Pen Club hatte erlaube ich mir, mich an Sie zu wenden, mit der höflichen Bitte um meine Aufnahme in die österreichische Sektion des P.E.N. Club.

Ich hoffe, dass Sie sich meiner von Wien her erinnern werden und berufe mich besonders auf meinen Freund und lieben Kollegen Franz Theodor CSOKOR ; Herrn Siegfried Trebitsch als meine beiden Garanten. Ausserdem bin ich auch Franz Werfel gut bekannt. Es liegt mir in dieser Zeit der Zerrissenheit daran, dieser Schriftsteller-gemeinschaft anzugehören.

Das ausgefüllte Anmeldungsformular füge ich meinen Zeilen bei und werde mich sehr freuen, wenn meinem Besuch um Aufnahme baldigst stattgegeben wird.

In aufrichtiger Verehrung begrüsst Sie

Ihre

*Hertha Pauli*

**109** Brief von Hertha Pauli an Robert Neumann mit der Bitte um die Aufnahme in die österreichische Sektion des P.E.N. Club, 1940

C o p y.

Walter Mehring,                          Paris, le 2 Juin 40.
c/o P E N Clubs
66 Rue Pierre- Charron
PARIS VIIIe

         Cher Maître Thomas Mann,

    dans l'intérêt de ceux de nos confrères, qui n'ont plus la
chance de se mettre en rapport avec vous, nous , soussignés ,
lançons cet appel suprême à votre adresse de bien vouloir
porter aide à nous autres écrivains, victimes de Hitler.
Après sept ans de lutte, sept ans de persécutions, chassés d'un
pays a l'autre, nous sommes, en grande majorité, a bout de nos
forces, et nous sommes aussi dans l'impossibilité de continuer
notre tâche.

Le seul moyen, afin que ce petit groupe restant des écrivains
antihitlériens pourrait encore contribuer à la besogne de
sauver notre idéal pour l'avenir, serait de nous accorder un
accueil hospitalier dans des pays d'outre-mer.

Donc, de tout coeur nous vous prions, de faire tout le
nécessaire dans ce sens. Cela ne devrait point être impossible
que de trouver une solution, grâce à votre intervention auprès
des personnalités du Gouvernment, vu la haute réputation votre
oeuvre connaît dans les Etats Unis, rempart de la civilisation
occidentale.

Avec ce dernier espoir, que votre activité, que nous avons
toujours admirée, aboutira, nous vous saluons avec l'expression
de nos hommages les plus respectueux et de nos sentiments
confraternels et les plus profonds.

Charge par: Hans Natoneck, Hertha Pauli, Ernst Weiss

       (signed)   Walter Mehring.



(Address on envelope: Mehring, 63 Monsieur-le-Prince   ParisVI.)

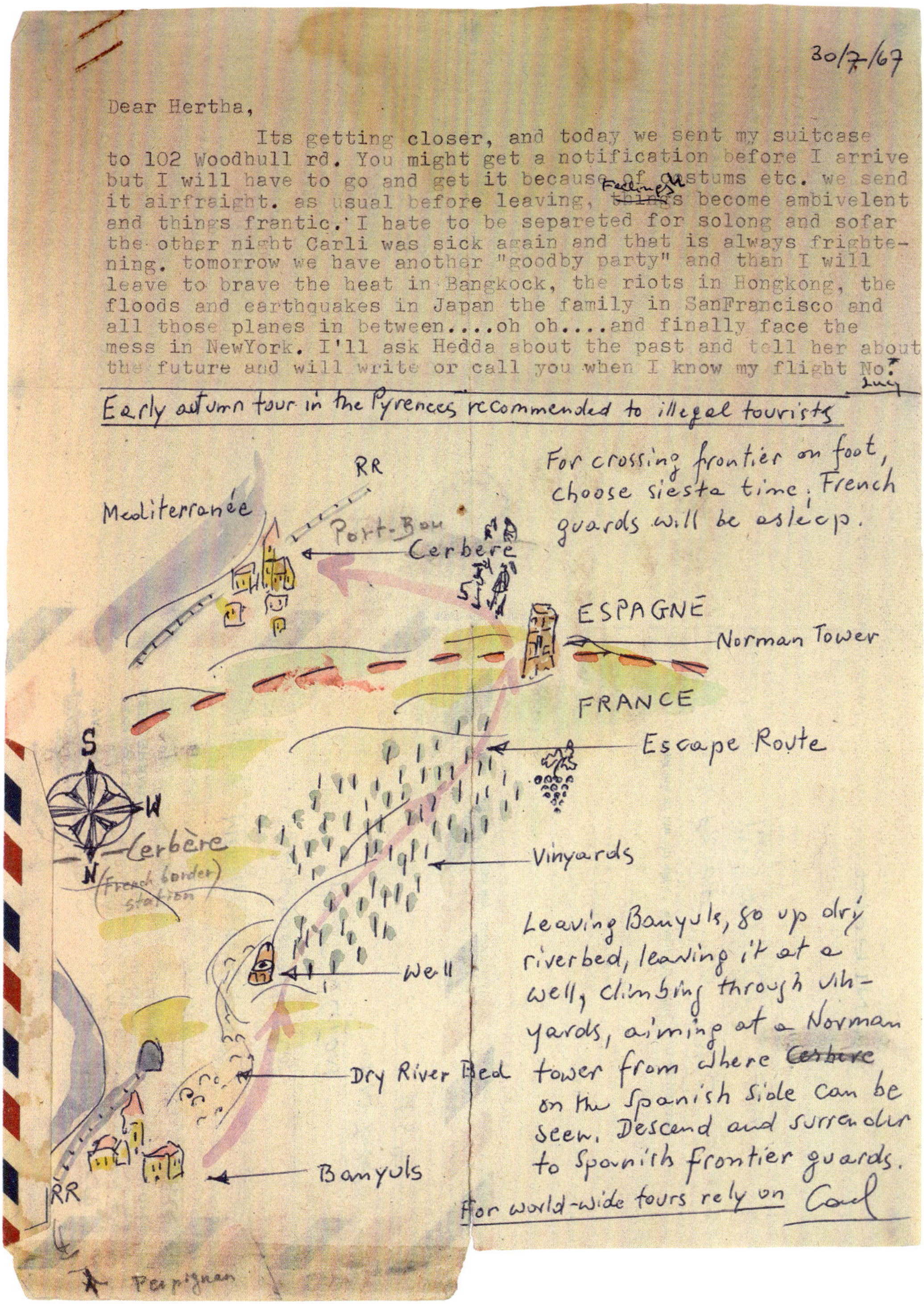

30/7/67

Dear Hertha,

Its getting closer, and today we sent my suitcase to 102 Woodhull rd. You might get a notification before I arrive but I will have to go and get it because of custums etc. we send it airfreight. as usual before leaving, feelings become ambivelent and things frantic. I hate to be separated for solong and sofar the other night Carli was sick again and that is always frightening. tomorrow we have another "goodby party" and than I will leave to brave the heat in Bangkock, the riots in Hongkong, the floods and earthquakes in Japan the family in SanFrancisco and all those planes in between....oh oh....and finally face the mess in NewYork. I'll ask Hedda about the past and tell her about the future and will write or call you when I know my flight No?

Lucy

Early autumn tour in the Pyrenees recommended to illegal tourists

For crossing frontier on foot, choose siesta time, French guards will be asleep.

Méditerranée — RR — Port-Bou — Cerbère — ESPAGNE — Norman Tower — FRANCE — Escape Route — Vinyards — Cerbère (French border station) — Well — Dry River Bed — Banyuls — Perpignan

Leaving Banyuls, go up dry riverbed, leaving it at a well, climbing through vinyards, aiming at a Norman tower from where Cerbère on the Spanish side can be seen. Descend and surrender to Spanish frontier guards.

For world-wide tours rely on Carl

**111** Fluchtplan auf einem Brief von Karl Frucht an Hertha Pauli, 1967

112 Schutzumschlag, Zsolnay 1970

von Frucht an Pauli erhalten. Es war ein Schmugglerweg, der über die Pyrenäen führte. Weiter ging es dann quer durch Spanien und nach vier Tagen gelangten sie nach Lissabon. Dort besorgte ihr Frucht ein Schiffsticket, und so konnte Pauli auf der »Nea Hellas« in der Nacht vom 3. auf den 4. September 1940 Europa verlassen; am 12. September erreichte sie New York.

**AMERIKA**

»Wir aber hatten trotz vieler Entbehrungen in dieser ersten Zeit nur einen Gedanken: Gerettet.«[25] Vor Ort half sie beim »Emergency Rescue Committee«, die Zurückgebliebenen nach Amerika zu holen.

In einer Artikelserie im *Aufbau* berichtete sie über ihre abenteuerliche Flucht aus Frankreich. Die Reaktionen waren überwältigend, sie bekam eine Anstellung und lernte dabei Englisch. Während ihrer Arbeit an ihrem biografischen Roman zu Alfred Nobel lernte sie auch ihren zukünftigen Mann kennen, den Übersetzer E. B. Ashton.

Für ihre Etablierung am amerikanischen Markt trug besonders *Silent Night. The Story of a Song* bei. Es erschien in der Jugendbuchabteilung eines Verlags und markierte den Beginn ihrer Karriere als Kinder- und Jugendbuchautorin. Paulis variantenreiches Werk »ist ein Schulbeispiel dafür, was das Exil und nur das Exil dem Schriftsteller zufügen kann«.[26]

1967 entschloss sich Hertha Pauli, ihre Erinnerungen über den Anschluss und ihre Flucht niederzuschreiben. Ein Erlebnisbuch, das die einzelnen Stationen des Exils beleuchtet. Mit *Der Riss der Zeit geht durch mein Herz* erreichte sie nun auch ein größeres Publikum im deutschsprachigen Raum. Die *FAZ* betitelte es als »das beste Buch über den Anschluss Österreichs«.[27] 1973 verstarb Hertha Pauli auf Long Island und kehrte doch wieder nach Wien zurück. Karl Frucht ließ sie auf dem Döblinger Friedhof im Grab ihrer Mutter beerdigen.

*Katrin Jilek*

1 Pauli, Hertha: *Der Riss der Zeit geht durch mein Herz*. Hamburg, Wien 1970, S. 262.
2 Der Nachlass von Hertha Pauli wird in der Sammlung von Handschriften und alten Drucken der Österreichischen Nationalbibliothek verwahrt. Siehe dazu: Blumesberger, Susanne: »… Und doch hier noch nicht angekommen – wie immer und überall!« In: *biblos* 55 (2006), H. 1, S. 7–20.
3 Cod. Ser. n. 33937.
4 Beilage 1 zu Cod. Ser. n. 33170–34071.
5 Frucht, Karl: *Verlustanzeige. Ein Überlebensbericht*. Wien 1992, S. 104.
6 Brantl, Sabine: *Hertha Pauli oder Wir sind im Ozean zu Hause. Eine biografische Skizze*. München, Univ., Dipl.-Arb., 1998, S. 31.
7 Pauli: *Riss*, S. 16.
8 Frucht: *Verlustanzeige*, S. 99. – Die Familie des Vaters v. Hertha Pauli hat ihre Wurzeln im Prager Judentum. 1898 jedoch trat er zum Katholizismus über und änderte seinen Namen von Pascheles in Pauli. Siehe dazu: Jacobi, Manfred: »Wolfgang Paulis familiärer Hintergrund«. In: *Gesnerus* 57 (2000), H. 1/2, S. 222–237.
9 Pauli: *Riss*, S. 30f.
10 Ebd., S. 45–48.
11 Brief von Hertha Pauli an Franz Theodor Csokor (12.10.1939), aus dem noch unbearbeiteten Teil des Nachlasses v. Hertha Pauli.
12 Pauli: *Riss*, S. 101.
13 Cod. Ser. n. 33909.
14 Korrespondenz Pauli – Neumann aus dem Nachlass Robert Neumann, der sich in der Sammlung von Handschriften und alten Drucken befindet.
15 Pauli: *Riss*, S. 168.
16 Ebd.
17 Pauli, Hertha: »Flucht«. In: *Aufbau*, 6 (1940), Nr. 41, S. 3.
18 Ebd.
19 Pauli, Hertha: »Tagebuch einer Flucht. II. Kampf um ein Schiff«. In: *Aufbau*, 6 (1940), Nr. 43, S. 7.
20 Pauli: *Riss*, S. 202.
21 Pauli, Hertha: »Tagebuch einer Flucht. III. Rettung«. In: *Aufbau*, 6 (1940), S. 10.
22 Pauli: *Riss*, S. 233.
23 Ebd., S. 242.
24 Ebd., S. 251f.
25 Ebd., S. 263.
26 Stern, Guy: »Hertha Pauli«. In: *Literatur im Exil. Gesammelte Aufsätze 1959–1989*. Hg. v. Guy Stern. Ismaning 1989, S. 282–302, Zitat S. 296.
27 Wechsberg, Joseph: »Verstehen, Verzeihen. Hertha Pauli berichtet über ihre Emigration«. In: *Frankfurter Allgemeine Zeitung* (1971), Nr. 4, S. 21.

# BRUNO FREI
## *Stationen einer Flucht*[1]

113 Bruno Frei

### AUFBRUCH NACH BERLIN

Der unter dem Pseudonym Bruno Frei bekannte Journalist und Schriftsteller wurde am 11. Juni 1897 als Benedikt Freistadt im heutigen Bratislava (Slowakei) geboren. 1909 übersiedelte die Familie nach Wien. 1916 begann er das Studium der Philosophie an der Universität Wien, das er 1922 abschloss. Seine journalistische Tätigkeit ist ab 1917 fassbar, als er Reportagen und Abhandlungen über die triste soziale Situation im Wien der Nachkriegszeit,[2] insbesondere der jüdischen Bevölkerung, veröffentlicht.

1922 übersiedelte er nach Berlin, wo er als Journalist und Korrespondent für verschiedene Zeitungen tätig war. 1925 kehrte er nach Wien zurück. 1929 akzeptiert Frei ein Angebot des Berliner Verlegers Willi Münzenberg, an der linksorientierten Zeitung *Berlin am Morgen* mitzuarbeiten.

### »ES WAR ZEIT ZUM TÜRMEN« – FLUCHT NACH PRAG

Nach der Machtergreifung der NSDAP und dem Reichstagsbrand als die Flucht unmittelbar auslösendem Ereignis setzt sich Bruno Frei 1933 nach Prag ab. Jahre später, in einem am 2. Juli 1941 auf dem Weg in die Emigration nach Mexiko auf Ellis Island verfassten Bericht,[3] schildert er die Ereignisse: »Dann kam die Nacht des Reichstagsbrandes. Ich kehrte von der Stätte des Verbrechens, wo ich Hitler die denkwürdigen Worte sprechen hörte: ›Dies ist ein Fingerzeig Gottes‹ in die Redaktion zurück und las am Fernschreiber die Nachricht von meiner eigenen Verhaftung. Es war Zeit zum Türmen. Wir verliessen die Redaktionsräume eine halbe Stunde bevor Görings Polizei eintraf […] und es begann ein neues Kapitel in meinem Leben: die Emigration.«

**114** Bruno Frei, *Das Elend Wiens*, Wien 1921, Umschlag

Auf seinem Weg in die Emigration tritt Bruno Frei 1934 der Kommunistischen Partei Deutschlands (KPD) bei. Unter seinen journalistischen Arbeiten steht die mit Franz Carl Weiskopf und Wieland Herzfelde gegründete antifaschistische Zeitung *Der Gegen-Angriff* im Mittelpunkt, die mit der Absicht herausgegeben wurde, »die zum Kampf gegen Hitler entschlossenen emigrierten Schriftsteller zu sammeln und die deutschsprachige Öffentlichkeit [...] vor der verführerischen Nazidemagogie zu bewahren«.[4] Im Auftrag der tschechischen kommunistischen Partei verfasst er zeitkritische Broschüren, darunter *Wie Hitler an die Macht kam* und die Monografie über den Hellseher *Hanussen*,[5] in der er »die aufregende Geschichte dieses Abenteurers benutzte, um die Methoden der von Hitler angewandten Volksverdummung zu schildern«.[6]

### DAS FRANZÖSISCHE EXIL – DIE MÄRZTAGE IN WIEN[7]

1936 geht Bruno Frei im Parteiauftrag nach Paris, »da sich das Zentrum der deutschen Emigration dorthin zu verschieben begann«[8], und ist dort als Chefredakteur des Volksfront-Organs *Deutsche Informationen/Nouvelles d'Allemagne* (Nachrichtendienst in deutscher und französischer Sprache über die Vorgänge in Hitlerdeutschland) aktiv.[9] Als Beobachter der Vorgänge in Hitlerdeutschland verfasst er zahlreiche Veröffentlichungen, wie die 1936 in Paris erschienene Schrift *Was geht in Deutschland vor?*[10]

1938 kehrt Bruno Frei vorübergehend nach Wien zurück und erlebt hier die Ereignisse vom März dieses Jahres. Bedroht vom »heißen Atem des feindlichen Riesen, der auf seine Beute lauert«, schildert Bruno Frei seine ambivalenten Gefühle in diesen Tagen: »Wird dieser Bericht ein Totenlied oder eine Geburtsanzeige? Zuerst war es ein Untertauchen in den lauen Wellen des unwiderstehlichen Gefühls, das nach langem Fernsein die Berührung mit dem Boden der Heimat hervorruft.«[11]

Bruno Frei war auf Anregung des Münzenberg-Kreises[12] und optimistisch gestimmt ob des in der Schuschnigg-Rede vom 24. Februar anklingenden Widerstandsgedankens aus der Emigration von Paris nach Wien gekommen. Legitimiert als französischer Journalist sollte er authentisch von den Ereignissen in seiner Heimat und vor allem vom Widerstand der Arbeiterbewegung berichten. Doch bereits am 11. März – schon versperren Marschkolonnen der Nationalsozialisten seinen Weg zum Bahnhof – verlässt er Wien wieder in Richtung Pressburg.

**115** Bruno Frei,
*Was geht in Deutschland vor?*
Paris 1936, Umschlag

**116** Bruno Frei
(2. Reihe, zweiter von rechts) im
Spanischen Bürgerkrieg, 1936/37 (?)

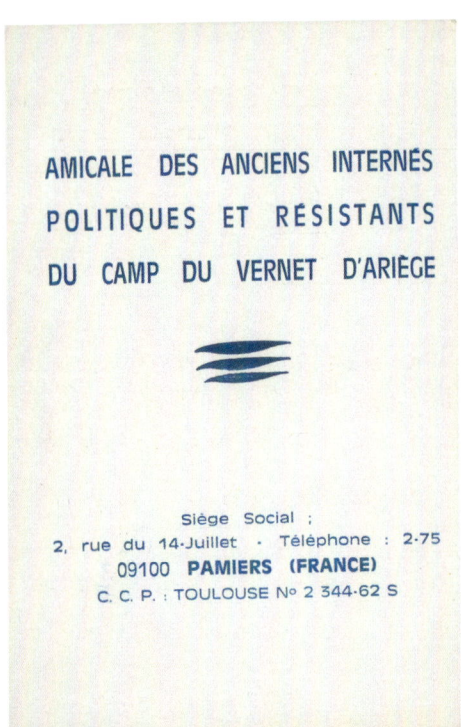

**117** Mitgliedskarte von Bruno Frei der »Amicale des Anciens Internés [...] du Vernet« aus dem Jahr 1974

**SPANISCHES INTERMEZZO – ZURÜCK IN PARIS**

Bruno Frei hatte sich im Zuge eines publizistischen Auftrages an der Jahreswende 1936/37 an die Front nach Madrid begeben. Es ist seine erste direkte Begegnung mit den Gräueltaten eines die Zivilbevölkerung beeinträchtigenden Stadtkampfes. Nach diesem Kurzbesuch an der Front kehrt Frei über Valencia nach Frankreich zurück.

In der Nacht zum 1. September 1939 wird Bruno Frei aufgrund seiner publizistischen Tätigkeit von der französischen Polizei verhaftet: »Das Schweigen des Konzentrationslagers setzte ein.«[13] »In der Einzelzelle des Pariser Gefängnisses, das ironischerweise ›Santé‹ heißt, fand ich mich in der seltsamsten Weise mir selbst gegenübergestellt«, notiert er am Beginn des Abschnittes über das Jahr 1939 in seiner Autobiografie.[14]

Als »feindlicher Ausländer« eingestuft, wird Bruno Frei nach mehrwöchiger Haft in Paris 1939 ins Konzentrationslager Vernet überstellt. In dem berüchtigten Internierungslager[15] verwandelt er sich von einem der Dingnähe fremden Papiermenschen zu einem in »körperlicher Gestalt« kämpfenden Menschen. Nach dem Einmarsch der Deutschen in Frankreich bereitet man auch in Vernet den Ausbruch für den Fall vor, dass das Lager an die Invasoren übergeben würde. Durch die Unterzeichnung des Waffenstillstands im Wald von Compiègne (22. Juni 1940) bleibt Vernet zwar außerhalb des besetzten Gebietes, die Vereinbarung mit Marschall Pétain sieht jedoch die Auslieferung aller Deutschen (und somit auch Österreicher) an die Besatzer vor. Begünstigt durch die Manipulation der Internierungslisten durch die französische Widerstandsbewegung gelingt es Frei jedoch, im Frühjahr 1941 ein Ausreisevisum für Mexiko zu erhalten.

**FLUCHT NACH MEXIKO**[16]

Nach einem Zwischenstopp im Übergangslager Les Milles besteigt er mit seinen beiden aus Paris geretteten Kindern das Schiff, das sie nach Mexiko bringen sollte. Seine Frau, die er in Paris hatte zurücklassen müssen, war bei einem deutschen Luftangriff ums Leben gekommen. Über Ellis Island (New York) erreicht der Flüchtling schließlich 1941, nach mehr als zwei Jahren, die

# FREIES DEUTSCHLAND

**Revista Antinazi** — **Antinazi Monthly**

Ein Jahr "Freies Deutschland"

IN DIESEM HEFT:

Heinrich Mann
Thomas Mann
Paul Merker
Lion Feuchtwanger
Bruno Frank
Anna Seghers
Lic. A. Castro Leal
Raúl Noriega
André Simone
Egon Erwin Kisch
Ernst Bloch
Alexander Abusch
Ferdinand Bruckner
Balder Olden
Theodor Balk
Félix F. Palavicini
Bruno Frei
Berthold Viertel
Paul Zech
Albert Bassermann
F. C. Weiskopf
William Dieterle
Hans Marchwitza u. a.

## ALEMANIA LIBRE

NR. 12. OKTOBER 1942    MEXICO, D. F.    60 CENTAVOS. 15 USA-CENTS

**118** *Freies Deutschland. Alemania libre*, Titelblatt der Ausgabe vom Oktober 1942 (Heft 12)

er »in der Geschäftigkeit des Lagerlebens in Vernet, Trinidad und Ellis Island vertan« hat,[17] Mexico City, wo er schließlich aus dem »Schattendasein der Lagerbaracke in die Sonne Mexikos trat«.[18] Seinem durch die Gefangenschaft geprägten Motto »Tätig leben« entsprechend, beginnt Bruno Frei die Stimmen der deutsch sprechenden Emigranten zu versammeln und zu kanalisieren; mit anderen gründet er die Zeitschrift *Freies Deutschland*,[19] um »die deutschen und deutschsprechenden Flüchtlinge […] im Kampf gegen Hitler zu einen, die nazistisch verseuchte deutsche Kolonie in Mexiko zu isolieren [und] die öffentliche Meinung über die Antideutschen in Deutschland aufzuklären«.[20]

In Mexiko gilt Bruno Frei als *der* Vertreter des Österreichgedankens.[21] Das Motto der von ihm geleiteten österreichischen Radiosendung und der Zeitschrift *Austria Libre* war ein bekennendes »Austria resurgirá« (Österreich wird wieder erstehen). Später muss er sich allerdings eingestehen, dass er, fast ausschließlich versorgt durch Informationen von Radio Moskau, die Rolle Österreichs im Widerstand gegen Hitlerdeutschland überschätzt hatte.

### »KOMMEN SIE, WIR BRAUCHEN SIE ZUM AUFBAU EINER DEMOKRATISCHEN PRESSE« – RÜCKKEHR NACH WIEN

Mit diesen Worten, die dem damaligen Bundespressechef Friedrich Meznik zugeschrieben werden,[22] erhielt Bruno Frei als einer der wenigen Emigranten eine direkte Aufforderung, in seine Heimat zurückzukehren. Unterstützt vom sowjetischen Konsulat reiste er 1947 über Murmansk nach Österreich ein.[23] Er konzentrierte sich wieder ganz auf seine publizistische Tätigkeit. Von der realpolitischen Lage zeigte er sich desillusioniert: »Nach und nach wurde das Leben normalisiert. Normal war der Kapitalismus.«[24] 1950 wurde Frei aus der Gewerkschaft der Kommunisten ausgeschlossen, da er sich in seiner Zeitung *Der Abend* für die Streikenden eingesetzt hatte: »Jetzt erst war die Desillusionierung komplett. Die Träume von Mexiko waren ausgeträumt. Die Wirklichkeit war anders.«[25] – Bruno Frei ist am 21. Mai 1988 in Klosterneuburg verstorben.

*Andreas Fingernagel*

1 Fritzl, Gottfried: *Bruno Frei im mexikanischen Exil. Fluchtweg und Exiltätigkeit eines Österreichers.* Wien 1996 (Diplomarbeit an der Univ. Wien); Holpfer, Eva und Hackl, Ferdinand: *Die Sammlung Bruno Frei (1897–1988).* Kataloge des DöW, Neue Reihe, Bd. 2. Wien 1996; Rotschädl, Daniela: *Kommunistischer Boulevardjournalismus während der Besatzungszeit am Beispiel des Wiener »Abend« unter Leitung von Bruno Frei.* Wien 1994 (Diplomarbeit an der Univ. Wien); *Gedenkbuch für die Opfer des Nationalsozialismus an der Universität Wien 1938.* http://gedenkbuch.univie.ac.at (Stand: 15. 9. 2012); Müller, Karl: »Bruno Frei«. In: *Österreichische Literatur im Exil.* Salzburg 2002 (Online-Ausgabe).
2 Frei, Bruno: *Wiener Wohnungselend.* Wien/Leipzig 1918; Frei, Bruno: *Jüdisches Elend in Wien. Bilder und Daten.* Wien (u. a.) 1920; Frei, Bruno: *Das Elend Wiens.* Wien 1921.
3 Dokumentationsarchiv des österreichischen Widerstandes (DöW), 20126/B 2, S. 1f.
4 DöW 20126/B 2, S. 2.
5 Frei, Bruno: *Hanussen. Ein Bericht. Mit einem Vorwort von Egon Erwin Kisch.* Strasbourg 1934.
6 DöW 20126/B 2, S. 2.
7 »Märztage in Wien«, publiziert in der Zeitschrift *Wort*, 1938, S. 60–66. – Zu den Ereignissen s. auch das teilweise inhaltsgleiche Kapitel »Die Versammlung (1938)« in seiner Autobiografie: Frei, Bruno: *Der Papiersäbel.* Frankfurt am Main 1972, S. 207–215.
8 DöW 20126/B 2, S. 2
9 »Im Jahre 1936 begann ich der Hitlerpropaganda mit einem neuen publizistischen Instrument entgegenzutreten. […] Es galt die Wahrheit über die Lage im Dritten Reich zu verbreiten.« (DöW 20126/B 2, S. 2).
10 Frei, Bruno: *Was geht in Deutschland vor?* Paris 1936.
11 »Märztage«, S. 60.
12 Willi Münzenberg (1889–1940), deutscher Kommunist, Verleger und Filmproduzent. Initiator des Bündnisses im Widerstand gegen den Nationalsozialismus.
13 DöW 20126/B 2, S. 3. – Vgl. das Kapitel »Baracke 6 (1939)« in seiner Autobiografie: Frei: *Papiersäbel*, S. 216ff.
14 Ebd., S. 216.
15 Frei, Bruno: *Die Männer von Vernet, Ein Tatsachenbericht.* Berlin (DDR) 1950.
16 »Fahrt in die Freiheit (1941)«. In: Frei: *Papiersäbel*, S. 230–236; Fritzl, Gottfried: *Bruno Frei im mexikanischen Exil.*
17 Frei: *Papiersäbel*, S. 237.
18 Ebd.
19 *Freies Deutschland. México 1941–1946. Bibliographie einer Zeitschrift*, bearbeitet von Volker Riedel, mit einem Vorwort von Alexander Abusch. Berlin, Weimar 1975.
20 Frei: *Papiersäbel*, S. 239f.
21 Fritzl: *Bruno Frei*, S. 72–76.
22 Ebd., S. 78f.; Grunenberg, Antonia: »›Ich wollte Montezumas Federhut nach Mexiko bringen.‹ Ein Gespräch mit Bruno Frei über das kommunistische Westexil und die Nachkriegszeit in Österreich.« In: *Das jüdische Exil und andere Themen. Exilforschung. Ein internationales Jahrbuch* 4 (1986), S. 252.
23 Frei, Bruno: *Mit eigenen Augen. Reportagen.* Berlin (Ost) 1955, S. 166–177.
24 Grunenberg: *Montezuma*, S. 253.
25 Ebd.

**EGON FRIEDELL**
## *Es war ein Mittwoch*

Egon Friedell wurde 1878 als Egon Friedmann in Wien geboren. Die Mutter verließ die Familie noch in Friedells frühen Kinderjahren. Der Vater starb, als er elf Jahre alt war. Nach einer Odyssee durch mehrere Gymnasien in Deutschland und Österreich studierte er in Heidelberg und Wien Philosophie. Schon vor der Jahrhundertwende schloss er sich mit Alfred Polgar dem Kreis um Peter Altenberg an. Seine Erfolge in der Wiener Kabarettszene bescherten ihm schon früh einen Bekanntheitsgrad, den er als Schauspieler bei Max Reinhardt erweiterte. In mehreren Zeitungen und Journalen betätigte er sich außerdem als Feuilletonist. Die *Kulturgeschichte der Neuzeit*, die ab 1927 in drei Bänden erschien, entwickelte er zu einem erheblichen Teil aus diesen Artikeln. Sein Konzept, eine komplette Kulturgeschichte des Altertums vorzulegen, scheiterte an der Annexion Österreichs an das Deutsche Reich. Friedell erlebte 1936 noch die Herausgabe des ersten Teils der *Kulturgeschichte des Alten Orients und Ägyptens* in einem schweizerischen Verlag. Die *Kulturgeschichte Griechenlands* wurde postum als Fragment publiziert, weil die Kapitel über die hellenistische Zeit und Rom nur als Entwurf erhalten sind.

Über die näheren Umstände, die zu seinem Suizid durch einen Sprung aus dem Fenster führten, existieren unterschiedliche Berichte. Durch wen SA-Angehörige veranlasst wurden, Friedell in der Wohnung aufzusuchen, und in welchem Zustand der Gemeinte war, als er an der Türschwelle die Frage hörte, ob hier der Jude Friedell wohne, konnte bisher nicht überzeugend geklärt werden. Es steht fest, dass er sich in seine Bibliothek zurückzog und dort den Tod wählte.

Den Erzählungen haftet zumeist die Rechtfertigung an, dass die Freunde ohnehin alles getan hätten, um den bekannten Verfasser von Kulturgeschichten zur Emigration zu bewegen.[1] Gewiss lösten die Nachrichten über sein Ableben in der Exilpresse, wie im *Pester Lloyd* oder in der *Österreichischen Post*, in Paris Bestürzung aus. Den Behauptungen, dass Friedell nicht verfolgt worden wäre, auf einer Liste von sogenannten Schutzjuden gestanden hätte, widersprechen die Dokumente: Oskar Haaf, ein Rundfunkfunktionär aus Berlin,

**119** Egon Friedell mit der Familie seiner Haushälterin. Wien, Herbst 1931

setzte diese folgenreiche Behauptung in die Welt.² Sogar sein langjähriger Freund und Mitverfasser von erfolgreichen Sketches, Kabarettnummern und Zeitungsparodien, Alfred Polgar, von dem sich Friedell zeitweilig entfremdet hatte, deutet diese Ausnahmestellung an: »Ob ihm, der politisch sozusagen eine reine Unschuld war, die Nazi besonders Arges angetan hätten, steht dahin.«³

Es spricht einiges für die These, dass Friedell ein dem Nationalsozialismus nahestehender Antisemit gewesen sei. Insbesondere im Kapitel »Gott und Erde« der *Kulturgeschichte Ägyptens und des Alten Orients* finden sich dazu irritierende Belege. Auch wenn seine Demokratiekritik von Aristoteles abzuleiten ist, auch wenn er autoritäre Ansichten von Nietzsche und dem britischen Historiker und Philosophen Carlyle entlehnt hatte, sollte die notwendige Kritik an Friedells Äußerungen nicht verwässert werden. Ebenso befremden die meisten Aussagen Friedells über den mosaïschen Glauben oder die historischen Judenverfolgungen gerade in Zeiten der Aufarbeitung der Shoa nachhaltig.

Andererseits pflegte Friedell im Kreis von jüdischen Künstlerinnen und Künstlern Freundschaften. Bekennende nationalsozialistische Antisemiten

**120** Schreiben des SS-Hauptsturmführers vom 23. Mai 1938

waren auf der Bühne Max Reinhardts gewiss nicht vorstellbar. Arthur Kahane, Reinhardts zeitweiliger Chefdramaturg, der mit Friedell eine Vielzahl feuchter Abende en suite verbrachte, schätzte an ihm explizit den Ethiker. Berta Zuckerkandl, die einen liberalen Salon führte, attestierte ihm sogar, dass er »den Nazismus immer bekämpft«[4] habe. In der englischen Übersetzung ihrer Memoiren nennt sie ihn ihren besten Freund.[5]

Im Vorfeld der Annexion Österreichs erfuhr Friedell, dass die Zahlungen aus den Tantiemeneinkünften eingestellt wurden. Sowohl der Verlag C. H. Beck als auch der S. Fischer-Verlag benachrichtigten ihn von diesem Beschluss der Reichsschrifttumkammer.[6] An öffentliche Auftritte war ohnehin nicht mehr zu denken. Inwieweit Friedell sich am Aufkommen des Nationalsozialismus schuldig fühlte, lässt sich trotz eindeutiger Belege retrospektiv kaum beurteilen.[7] Jedenfalls lässt sich nachweisen, dass ihm alle Verdienstmöglichkeiten genommen worden waren. Es muss angenommen werden, dass die neuen Machthaber Friedell von ihren mörderischen Absichten keineswegs ausgenommen hatten.

Nach seinem Selbstmord trat seine Haushälterin Hermine Schimann das

Erbe an. Friedell hatte mit ihr und ihrer Familie in der Wiener Gentzgasse zusammengewohnt. Zwei Monate nach Friedells Tod wurde sie von der SS informiert, dass die Kufsteiner Villa Friedells beschlagnahmt worden sei. Nur indem sie ihre arische Herkunft belegen konnte und somit mit Friedell nicht verwandt war, gelang es ihr, das Erbe anzutreten.

Der Abreißkalender, der in seinem Arbeitszimmer neben den Rauchutensilien hing, wurde nur von Friedell verwendet. Herma Schimann, die Tochter Hermines, notierte nachträglich: »Als noch sichtbare Erinnerung an diesen tragischen März 1938 bewahre ich den Kalender dieses Jahres, der in seinem Studierzimmer hing, das vergilbte Blatt trägt das Datum: 16. März 1938.«[8]

*Werner Rotter*

**121** Abreißkalender Egon Friedells des Jahres 1938

1 Vgl. hierzu: Zuckmayer, Carl: *Als wär's ein Stück von mir*. Frankfurt/M. 1966, S. 67–70; Csokor, Franz Theodor: *Auf fremden Straßen*. Wien 1955, S. 20–21; Mahler-Werfel, Alma: *Mein Leben*. Frankfurt/M. 1963, S. 230; Schneider, Walther: »Bericht über den Selbstmord Friedells«. In: *Friedell-Brevier*. Hg. v. Walther Schneider. Wien 1947, S. 7–13; und Zeemann, Dorothea: *Einübung in Katastrophen*. Frankfurt/M. 1997, S. 102–104.
2 S. Haaf, Oskar: *Beim Gongschlag … Bd. 1. Meine Leidenschaft war der Rundfunk*. München 1983, S. 151–155.
3 Vgl. Polgar, Alfred: »(Nachruf)«. In: *Kleine Schriften*, Bd. 4. Literatur. Hg. v. Marcel Reich-Ranicki, S. 61.
4 Vgl. Szeps-Zuckerkandl, Berta: *Ich erlebte fünfzig Jahre Weltgeschichte*. Stockholm 1939, S. 308.
5 Vgl. Szeps, Berta: *My life and history*. New York 1939, S. 317: »Egon Friedell, who was my best friend, […]«.
6 Vgl. Schreiben vom 23. Feb. 1938 vom Beck-Verlag, ÖLA 233/B 11.
7 Vgl. beispielsweise Innerhofer, Roland: *Kulturgeschichte zwischen den beiden Weltkriegen: Egon Friedell*. Wien 1990, S. 18–19.
8 Kotab, Herma: »Biographie der häuslichen Atmosphäre.« Ms, Bl. 19. ÖLA 233/S. 22.

# ERICH FRIED
## »Vorkämpfer will ich sein ...«

**122** Erich Fried im Londoner Exil, um 1946

Am 15. Oktober 1938 blättert in London ein 17-jähriger Österreicher in einem 1831 eröffneten Familienalbum, das er Anfang August auf die britische Insel mitgebracht hat. Er unternimmt damit einen Streifzug durch die Ahnengeschichte seiner mütterlicherseits vornehmlich aus Galizien stammenden jüdischen Familie in der ersten Hälfte des 19. Jahrhunderts. Trauer ergreift den jungen Mann, sodass er sich schließlich selbst mit einer wehmutsvollen (An-)Klage in dem Familiendokument verewigt. Gewiss, hier und da holpern die Distichen, wie auch Schiller'sches Pathos mitschwingt – was die Bitterkeit und das energisch zu Papier gebrachte »Nachwelt«-Versprechen kaum weniger eindringlich erscheinen lässt:

»Heute las ich das Buch, Ihr staubgewordenen Ahnen
Sehe euch – ehrenhaft, klug zwischen den Worten vor mir.
Wohl euch! Daß ihr verschieden, bevor die Zeit sich gewendet,
Ehe die Unkultur neu ihre Geißel erhob.
Viele beneiden euch heut um den ewigen Frieden des Grabes
Wo eines Hitler Macht jämmerlich ebbend zerschellt.
Er warf Menschen in Kerker; im Kerker liegt meine Mutter
Euere Enkelin ach, der er den Gatten entriß!
Vater tot, Mutter im Kerker und ich im nebligen England
Großmama blind in Wien, rechtlos, arm, alt, gejagt
Seht, das ist Hitlers Werk, das ist das neue Jahrhundert
Das das Strahlengestirn, das eurer Hoffnungen Traum!
Dennoch glaubet dem Enkel, der Weg zur Höhe bleibt offen
Vorkämpfer will ich sein, führe das Gute zum Sieg!«

> Heute las ich das Buch, Ihr staubgewordenen Ahnen
> Sehe euch – ehrenhaft, klug zwischen den Worten vor mir.
> Wohl euch! Daß ihr verschieden, bevor die Zeit sich gewendet,
> Ehe die Unkultur neu ihre Geißel erhob.
> Viele beneiden euch heut um den ewigen Frieden des Grabes
> Wo eines Hitlers Macht jämmerlich ebbend zerschellt
> Er warf Menschen in Kerker; im Kerker liegt meine Mutter
> Euere Enkelin, ach, der er den Gatten entriß!
> Vater tot, Mutter im Kerker und ich im nebligen England
> Großmama blind in Wien, verlitten, arm, alt, gejagt.
> Seht, das ist Hitlers Werk, das ist das neue Jahrhundert
> Das, das strahlengestirnt, das euer Hoffnungen Traum!
> Dennoch, glaubet dem Enkel, der Weg zur Höhe bleibt offen
> Vorkämpfer will ich sein, führe das Gute zum Sieg!
>
> 25. Oktober 1938.
> 44. Brondesbury Villas N.W.6.
> London – im Exil
>
> Erich Fried

**123** Eintrag des Flüchtlings Erich Fried vom Oktober 1938 in ein Familienalbum

Geschrieben hat diese Elegie Erich Fried, der später nicht nur ein anerkannter Übersetzer Shakespeares und des walisischen Dichters Dylan Thomas wurde, sondern insgesamt zu einem der renommiertesten österreichischen Lyriker avancierte, (links-)politisch anstößig und widerborstig, aber auch Verfasser ungemein erfolgreicher *Liebesgedichte* (1979).

Aufgewachsen war der 1921 geborene Sohn der Kunstgewerblerin und Modedesignerin Nellie und des Spediteurs Hugo Fried im neunten Wiener Gemeindebezirk, wo man gemeinsam in der Wohnung der Großmutter Malvine Stein in der Alserbachstraße 11 lebte. Als am 12. März 1938 Hitlers Truppen Österreich besetzten, war Erich Schüler des Wasa-Gymnasiums, das bereits Anfang Mai – bei gleichzeitiger Ausgliederung der jüdischen Schüler – aufgelöst wurde und in das dann die NSDAP-Gauleitung Niederdonau einzog. Schon vorher, am 24. April, waren seine Eltern wegen des »Verdachts der Devisenverschiebung ins Ausland« verhaftet worden. Dabei hatten sie einzig und allein in einem Café mit Bekannten über die finanziellen Möglichkeiten der Ausreise nahestehender Personen gesprochen. Ein Kellner belauschte die Gruppe und verständigte die Polizei, die die Beteiligten zum Verhör mitnahm. Hugo Fried musste mit einem Kriminalbeamten zunächst zurück in die großmütterliche Wohnung zu einer Hausdurchsuchung, ehe er endgültig

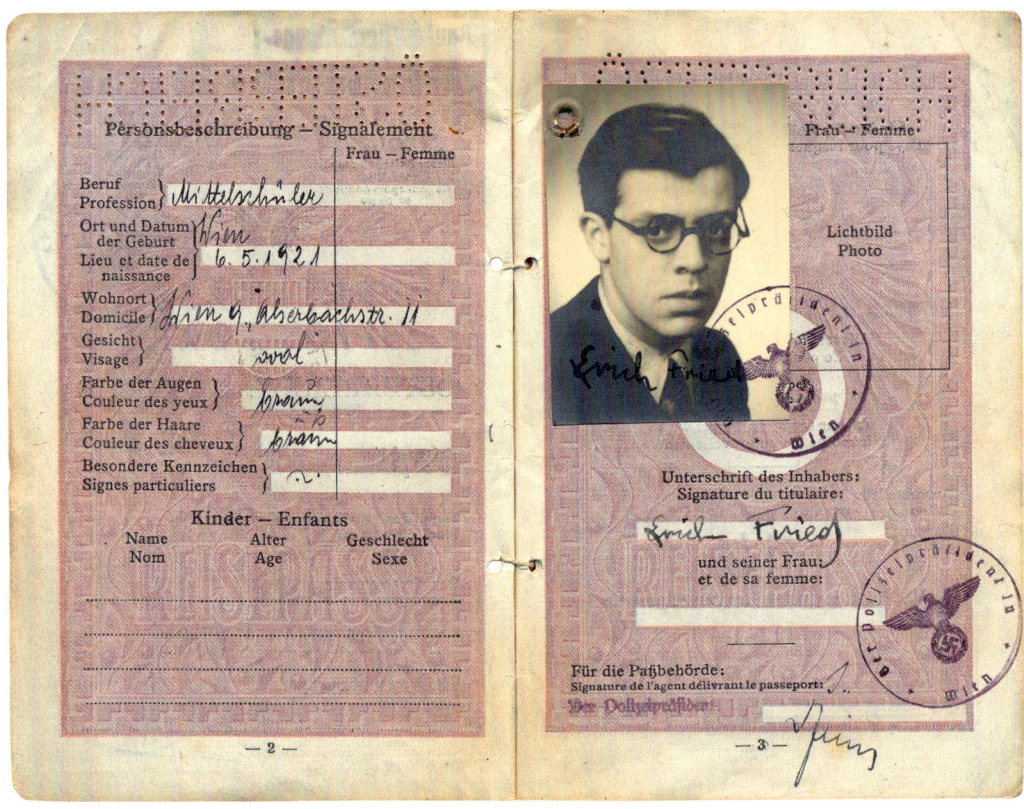

**124** Der von den Hitler-Behörden abgestempelte Reisepass, mit dem der junge Erich Fried Anfang August 1938 ins englische Exil aufbrach

abgeführt wurde – eine gespenstische Szene, bei der sein Sohn anwesend war. Erich musste auch miterleben, wie sein Vater genau einen Monat später in Polizeibegleitung wieder nach Hause gebracht wurde, jämmerlich zugerichtet durch die Fußtritte eines aus dem Rheinland stammenden Gestapo-Ermittlers. Wenige Stunden später erlag der Vater – an seinem 48. Geburtstag – diesen Verletzungen im Allgemeinen Krankenhaus. Die Mutter kam (ursprünglich zu fünf Jahren verurteilt) nach dreizehn Monaten Haft frei.

Wie vielen anderen Juden wurde der Familie Fried bald (im Juli 1938) die Wohnung gekündigt. Die zu diesem Zeitpunkt bereits fast gänzlich erblindete Großmutter zog zu einer Tante in einen benachbarten Gemeindebezirk, während ihr Enkel bereits so gut wie alle Vorkehrungen für seine Flucht nach England getroffen hatte, wohin ihm 1939 die Mutter folgen konnte. Dort erfuhren sie später, dass Malvine Stein im September 1942 nach Theresienstadt deportiert und im Frühjahr 1943 in ihrem 77. Lebensjahr in Auschwitz ermordet worden war.

Bereits in den frühen Jahren seines Londoner Exils hat sich Erich Fried bemüht, in autobiografischen und mittlerweile teilveröffentlichten Aufzeichnungen[1] seine Erlebnisse vor und insbesondere nach dem »Anschluss« festzuhalten. So berichtet er unter anderem von den Selbstmorden jüdischer Mitbürger, von der Auflösung jüdischer Geschäfte in der Nachbarschaft, der Atmosphäre zwischen seinen jüdischen und »arischen« Schulkollegen und von seinen wagemutigen Versuchen, die Eltern aus dem Gefängnis freizubekommen. In Gedichten, Essays und vor allem Kurzprosa hat er seine Erfahrungen auch späterhin – ohne die fragwürdige Rolle des österreichischen Ständestaats auszublenden – zu Papier gebracht, besonders nachlesenswert in der Erzählung *Die grüne Garnitur*[2] oder in dem Erinnerungsband *Mitunter sogar Lachen* (1985), wo er über eine von ihm mitgegründete Widerstandsgruppe schreibt: »Einige Tage nach Hitlers Einmarsch in Wien, in der zweiten Märzhälfte 1938, lud ich einige Schulkameraden zu mir ein, alles Kinder jüdischer Eltern wie ich, und gründete mit ihnen eine Widerstandsgruppe, deren Angehörige einander nicht nur Verschwiegenheit gegenüber den Nazibehörden bis in den Tod gelobten, sondern auch vereinbarten, daß jeder von uns in der unteren Hälfte des Anfangsbuchstabens seines Vornamens einen schrägen Strich von links oben nach rechts unten anbringen sollte.«[3]

Diesen Schrägstrich findet man beispielsweise im Namenszug unter der oben zitierten Elegie (Abb. 123) oder im Reisepass, mit dem Erich Fried Anfang August 1938 Österreich verließ (Abb. 124). Seinem Gelöbnis zum antifaschistischen Widerstand ist er treu geblieben. Kurz vor seinem Tod 1988 hat er in einem Fernsehinterview noch einmal engagiert zum Thema »Reichskristallnacht 1938« Stellung bezogen.

*Volker Kaukoreit*

---

1 Vgl. *Am Alsergrund. Erich Frieds Jugendjahre in Wien (1921–1938)*. Hg. v. Volker Kaukoreit u. Wilhelm Urbanek. Wien 1995, insbes. S. 51–78; ebenso: *Vor der Flucht. Texte und Dokumente mit dem Erstdruck von Erich Fried[s] »Eine Kindheit in Wien«*. Hg. v. Wilhelm Urbanek u. der 3A-Klasse des Erich-Fried-Realgymnasiums 2002/03. Wien 2003, insbes. S. 16–81.
2 *Erich Fried: Gesammelte Werke*. Bd. 4 (Prosa). Hg. v. Volker Kaukoreit u. Klaus Wagenbach. Berlin 1993, S. 451–457.
3 Vgl. ebd., S. 568–571, Zitat S. 568.

**ABBILDUNGSVERZEICHNIS**

Alle Bildrechte liegen, wenn nicht anders angegeben, bei der Österreichischen Nationalbibliothek.

**Innenklappe vorne** ÖNB Literaturarchiv, ÖLA 15/W518/9

**Abb. 1** ÖNB Bildarchiv und Grafiksammlung Pb803438D1958_11_6

**Abb. 2** ÖNB Bildarchiv und Grafiksammlung Pb803438D1958_11_8

**Abb. 3** ÖNB Bildarchiv und Grafiksammlung 117.760 – B

**Abb. 4** ÖNB Bildarchiv und Grafiksammlung RÜ 5_2

**Abb. 5** ÖNB Bildarchiv und Grafiksammlung H 2437/8

**Abb. 6** ÖNB Bildarchiv und Grafiksammlung 161.506 – B

**Abb. 7** ÖNB Bildarchiv und Grafiksammlung H 972

**Abb. 8** ÖNB Bildarchiv und Grafiksammlung 229.698 – B

**Abb. 9** ÖNB Bildarchiv und Grafiksammlung H 1918/7

**Abb. 10** ÖNB Bildarchiv und Grafiksammlung H 4818/3

**Abb. 11** ÖNB Bildarchiv und Grafiksammlung H 4818/7

**Abb. 12** ÖNB Bildarchiv und Grafiksammlung H 4818/11

**Abb. 13** ÖNB Bildarchiv und Grafiksammlung Pk 3002, 7526

**Abb. 14** ÖNB Bildarchiv und Grafiksammlung H 4818/4

**Abb. 15** ÖNB Bildarchiv und Grafiksammlung Pz 1938/III/11/Wien/1/3

**Abb. 16** ÖNB Bildarchiv und Grafiksammlung Pz 1938/III/11/Wien/1/2

**Abb. 17** ÖNB Bildarchiv und Grafiksammlung H 4821/16

**Abb. 18** ÖNB Bildarchiv und Grafiksammlung H 4828/2

**Abb. 19** ÖNB Bildarchiv und Grafiksammlung H 4828/4

**Abb. 20** ÖNB Bildarchiv und Grafiksammlung H 4833/1

**Abb. 21** ÖNB Bildarchiv und Grafiksammlung H 4887/2

**Abb. 22** ÖNB Bildarchiv und Grafiksammlung H 4894/8

**Abb. 23** ÖNB Bildarchiv und Grafiksammlung H 4863/1

**Abb. 24** ÖNB Bildarchiv und Grafiksammlung H 4884/2

**Abb. 25** ÖNB Bildarchiv und Grafiksammlung RÜ ZK 248/1

**Abb. 26** ÖNB Bildarchiv und Grafiksammlung 002_38_080_01_061_G_1B_11

**Abb. 27** ÖNB Bildarchiv und Grafiksammlung RUE1938_03_5502_38

**Abb. 28** ÖNB Bildarchiv und Grafiksammlung 002_38_091_02_074_B_1A_39

**Abb. 29** ÖNB Bildarchiv und Grafiksammlung 002_38_089_02_071_F_1A_10

**Abb. 30** ÖNB Bildarchiv und Grafiksammlung Pb399792D1938_14Titel

**Abb. 31** ÖNB Bildarchiv und Grafiksammlung Glo 4 B

**Abb. 32** ÖNB Bildarchiv und Grafiksammlung Glo 6 B

**Abb. 33** ÖNB Bildarchiv und Grafiksammlung H 4886/9

**Abb. 34** ÖNB Bildarchiv und Grafiksammlung 002_38_092_01_075_B_1B_10

**Abb. 35** ÖNB Bildarchiv und Grafiksammlung Pk 3002/2555

**Abb. 36** ÖNB Bildarchiv und Grafiksammlung H 4920/9

**Abb. 37** ÖNB Bildarchiv und Grafiksammlung H 4920/2

**Abb. 38** ÖNB Bildarchiv und Grafiksammlung Weiser IV/15/9

**Abb. 39** ÖNB Bildarchiv und Grafiksammlung Pk 3002, 2597

**Abb. 40** ÖNB Bildarchiv und Grafiksammlung S 278/3

**Abb. 41** ÖNB Sammlung von Handschriften und alten Drucken, Cod. Ser. n. 52.419

**Abb. 42** ÖNB Sammlung von Handschriften und alten Drucken, Cod. Ser. n. 51.909

**Abb. 43** ÖNB Sammlung von Handschriften und alten Drucken, Cod. Ser. n. 52.022, Stück 12

**Abb. 44** ÖNB Sammlung von Handschriften und alten Drucken, Cod. Ser. n. 52.022, Stück 12

**Abb. 45** ÖNB Sammlung von Handschriften und alten Drucken, Cod. Ser. n. 52.415

**Abb. 46** Amos Schueller (Privatbesitz)

**Abb. 47** Amos Schueller (Privatbesitz)

**Abb. 48** ÖNB Sammlung von Handschriften und alten Drucken, Cod. Ser. n. 27.888-28.046, Beil. 4, Stück 2

**Abb. 49** ÖNB Sammlung von Handschriften und alten Drucken, Cod. Ser. n. 49.945, S. 48

**Abb. 50** ÖNB Sammlung von Handschriften und alten Drucken, Autogr. 1438/26-4

**Abb. 51** ÖNB Sammlung von Handschriften und alten Drucken, Autogr. 1440/36, Beilage 2

**Abb. 52** ÖNB Sammlung von Handschriften und alten Drucken, Cod. Ser. n. 28000, Bl. 61

**Abb. 53** ÖNB Sammlung von Handschriften und alten Drucken, Cod. Ser. n. 27888-28046, Beil. 4, Stück 4

**Abb. 54** ÖNB Literaturarchiv, LIT 347/L75

**Abb. 55** ÖNB Literaturarchiv, LIT 347/L12

**Abb. 56** ÖNB Sammlung von Handschriften und alten Drucken, Cod. Ser. n. 20.905

**Abb. 57** ÖNB Sammlung von Handschriften und alten Drucken, Cod. Ser. n. 21.777/9

**Abb. 58** ÖNB Sammlung von Handschriften und alten Drucken, Cod. Ser. n. 20.835 (1)

**Abb. 59** ÖNB Sammlung von Handschriften und alten Drucken, Cod. Ser. n. 52.738 (15)

**Abb. 60** ÖNB Sammlung von Handschriften und alten Drucken, Cod. Ser. n. 52.738 (3)

**Abb. 61** ÖNB Bildarchiv 203493-D

**Abb. 62** ÖNB Bildarchiv 203494-D

**Abb. 63** ÖNB Bildarchiv
Pb 580.555-F 394

**Abb. 64** ÖNB Bildarchiv 200788-C

**Abb. 65** ÖNB Musiksammlung
Mus.Hs. 28994

**Abb. 66** ÖNB Bildarchiv US 9093

**Abb. 67** ÖNB Musiksammlung
F34. Fickert.435

**Abb. 68** ÖNB Musiksammlung
F34. Fickert.435

**Abb. 69** ÖNB Musiksammlung
MS 70789-4

**Abb. 70** ÖNB Musiksammlung
MS 70789-4

**Abb. 71** ÖNB Musiksammlung
Mus.Hs. 43505

**Abb. 72** ÖNB Musiksammlung
765.807-B.2.MUS

**Abb. 73** ÖNB Musiksammlung
Mus.Hs. 42603

**Abb. 74** ÖNB Bildarchiv 66440-B

**Abb. 75** ÖNB Musiksammlung
F13.Wellesz.990

**Abb. 76** ÖNB Musiksammlung
F13.Wellesz.932/5

**Abb. 77** ÖNB Musiksammlung
F13.Wellesz.2782/13

**Abb. 78** ÖNB Musiksammlung
F13.Wellesz.158

**Abb. 79** ÖNB Musiksammlung
F13.Wellesz.2353/3

**Abb. 80** ÖNB Musiksammlung
F13.Wellesz.2093/1

**Abb. 81** ÖNB Musiksammlung
F13.Wellesz.2782/5

**Abb. 82** ÖNB Musiksammlung
F13.Wellesz.2399

**Abb. 83** ÖNB Musiksammlung
F79. Dauber.2/2c

**Abb. 84** ÖNB Musiksammlung
F79. Dauber.2/1a

**Abb. 85** ÖNB Musiksammlung
F79. Dauber.4

**Abb. 86** ÖNB Literaturarchiv,
ÖLA 31/95, Notation 3.2.1

**Abb. 87** ÖNB Literaturarchiv,
ÖLA 31/95, Notation 3.1.8

**Abb. 88** ÖNB Literaturarchiv,
ÖLA 31/95, Notation 3.1.7

**Abb. 89** ÖNB Literaturarchiv,
ÖLA 31/95, Notation 3.1.7

**Abb. 90** ÖNB Literaturarchiv,
ÖLA 31/95, Notation 3.2.1

**Abb. 91** ÖNB Literaturarchiv,
ÖLA 31/95, Notation 3.1.7

**Abb. 92** ÖNB Literaturarchiv,
LIT 386/11, Foto: Franz Löwy,
Notation 4.3

**Abb. 93** ÖNB Literaturarchiv,
LIT 405/12

**Abb. 94** ÖNB Literaturarchiv,
LIT 405/12

**Abb. 95** ÖNB Literaturarchiv,
LIT 387/11

**Abb. 96** ÖNB Literaturarchiv,
LIT 387/11

**Abb. 97** ÖNB Literaturarchiv,
LIT 387/11

**Abb. 98** ÖNB Literaturarchiv,
LIT 387/11

**Abb. 99** ÖNB Literaturarchiv,
LIT 387/11

**Abb. 100** Foto: Paul Zsolnay Verlag

**Abb. 101** ÖNB Literaturarchiv,
ÖLA 174/L3/5, Typoskript

**Abb. 102** ÖNB Literaturarchiv,
ÖLA 174/W-Nachreichung

**Abb. 103** Schutzumschlag
Paul Zsolnay Verlag

**Abb. 104** ÖNB Literaturarchiv,
ÖLA 174/L4/4

**Abb. 105** ÖNB Literaturarchiv,
ÖLA 174/L4/5

**Abb. 106** ÖNB Literaturarchiv,
ÖLA 174/L4/7

**Abb. 107** ÖNB Sammlung von
Handschriften und alten Drucken,
Cod. Ser. n. 42.925

**Abb. 108** ÖNB Sammlung von
Handschriften und alten Drucken,
Cod. Ser. n. 33.797

**Abb. 109** ÖNB Sammlung von
Handschriften und alten Drucken,
Ohne Signatur (Nachlass Neumann
– Korrespondenz)

**Abb. 110** ÖNB Sammlung von Handschriften und alten Drucken, Ohne Signatur (aus dem noch unbearbeiteten Teil des Nachlasses Pauli)

**Abb. 111** ÖNB Sammlung von
Handschriften und alten Drucken,
Cod. Ser. n. 33.894

**Abb. 112** ÖNB Sammlung von
Handschriften und alten Drucken,
Cod. Ser. n. 33.710-34.071, Beil. 26

**Abb. 113** ÖNB Literaturarchiv,
LIT 101/98

**Abb. 114** ÖNB Hauptabteilung
Benützung und Information,
538.836-B Neu

**Abb. 115** ÖNB Hauptabteilung
Benützung und Information,
1.500.333-B Neu

**Abb. 116** ÖNB Literaturarchiv,
LIT 101/98

**Abb. 117** ÖNB Literaturarchiv,
LIT 101/98

**Abb. 118** ÖNB Hauptabteilung
Benützung und Information,
299.247.-C.2 1942–1943

**Abb. 119** ÖNB Literaturarchiv,
ÖLA 233/L14

**Abb. 120** ÖNB Literaturarchiv,
ÖLA 233/04

**Abb. 121** ÖNB Literaturarchiv,
ÖLA 233/04

**Abb. 122** ÖNB Literaturarchiv,
ÖLA 4/90

**Abb. 123** ÖNB Literaturarchiv,
ÖLA 4/90

**Abb. 124** ÖNB Literaturarchiv,
ÖLA 4/90

**OBJEKTE DER AUSSTELLUNG**

**HILDE SPIEL**
Kalendereintrag am 13. März 1938
ÖLA 15/W518/9 Literaturarchiv der Österreichischen Nationalbibliothek (LIT)

**RUDOLF VON EICHTHAL**
Notizbuch 1938 (Eintragungen zum 12. März 1938 mit Nachträgen vom April 1945)
Cod. Ser. n. 23.332 (ohne Blattzählung) Sammlung von Handschriften und alten Drucken (HAD)

**JOHANNA FRITSCHE**
Tagebuch 1936 bis 1939
Eingelegt: Flugzettel »Ein Volk – ein Reich – ein Führer!«
Cod. Ser. n. 16.289, Blatt 49 HAD

**FOTOGRAFIN UNBEKANNT**
Ausrufung der Republik Deutschösterreich. Menschenmassen vor dem Parlament, 12. November 1918
Fotografie
117.760B Bildarchiv und Grafiksammlung der Österreichischen Nationalbibliothek (BAG)

**LOTHAR RÜBELT**
Justizpalastbrand. Flüchtende Menschen, 15. Juli 1927
Fotografie
RÜ 5_2 BAG

**ALBERT HILSCHER**
Arbeitslosigkeit in Österreich, um 1930
Fotografie
H 972 BAG

**ALBERT HILSCHER**
Parlamentskrise. Polizeibeamte in Zivil besetzen im Parlamentskorridor die Zugänge zum Sitzungssaal, 15. März 1933
Fotografie
H 1918/1 BAG

**ALBERT HILSCHER**
Mit Kruckenkreuzfahnen verhülltes Republikdenkmal auf der Wiener Ringstraße, Mitte Februar 1934
Fotografie
H 2437/8 BAG

**ALBERT HILSCHER**
Februarkämpfe 1934. Bundesheer vor einem Gemeindebau in Wien, 12. Februar 1934
Fotografie
H 2437/1 BAG

**FOTOGRAFIN UNBEKANNT**
Juliputsch 1934. Die Exekutive vor dem von Nationalsozialisten besetzten RAVAG-Gebäude in der Johannesgasse 4a in Wien, 25. Juli 1934
Fotografie
161.506B BAG

**ALBERT HILSCHER**
Rede Schuschniggs vor dem Bundestag, 24. Februar 1938
Fotografie
H 4810/1a BAG

**ALBERT HILSCHER**
Sozialistische Vertrauensmänner beraten im Floridsdorfer Arbeiterheim vor dem Einmarsch der Deutschen Wehrmacht über eine Zusammenarbeit mit Bundeskanzler Schuschnigg, 7. März 1938
Fotografie
H 4818/5 BAG

**ALBERT HILSCHER**
Propaganda für die geplante Volksbefragung der Vaterländischen Front. Flugzettel werden vor der Albertina verteilt, Februar/März 1938
Fotografie
H 4818/11 BAG

**ALBERT HILSCHER**
Propaganda für die geplante Volksbefragung der Vaterländischen Front. Wahlwerbung der Vaterländischen Front am Josefsplatz, Februar/März 1938
Fotografie
H 4818/7 BAG

**ALBERT HILSCHER**
Propaganda für die geplante Volksbefragung der Vaterländischen Front. Passanten vor einer Litfaßsäule Am Hof in Wien, Februar/März 1938
Fotografie
H 4818/3 BAG

**ALBERT HILSCHER**
Letzte Rede Schuschniggs vor Amtswaltern der Vaterländischen Front in Innsbruck, 9. März 1938
Fotografie
H 4917/5 BAG

**LOTHAR RÜBELT**
In Innsbruck werden in der Nacht die Radionachrichten über die politischen Vorgänge abgehört, 11. März 1938
Fotografie
RÜ #3069663 BAG
RÜ ZK 248/1 BAG

**FOTOGRAFIN UNBEKANNT**
Regierung Seyß-Inquart am Balkon des Bundeskanzleramtes in Wien. Von links: Skubl, Wolf, Neumayer, Hueber, Seyß-Inquart, Menghin, Reinthaller, Glaise-Horstenau, Jury und Fischböck, 12. März 1938
Fotografie
Pz 1938/III/12/Wien/1/1/D BAG

**ALBERT HILSCHER**
Nächtliche Freudenkundgebungen in Wien, 11./12. März 1938
Fotografie
H 4821/9 BAG
H 4821/12 BAG
H 4821/16 BAG

**FOTOPRESS**
Große Begeisterung bei der Polizei in Wien, 12. März 1938
Fotografie
S 305/4 BAG

**ALBERT HILSCHER**
Die ersten deutschen Panzerfahrzeuge in Österreich, 12. März 1938
Fotografie
H 4844/1 BAG

**LOTHAR RÜBELT**
Durchfahrt der Deutschen Wehrmacht durch die Innsbrucker Maria-Theresien-Straße, 12. März 1938
Fotografie
RÜ #4363402 BAG

Bavaria-Wochenschau, März 1938
Österreichisches Filmarchiv

*Österreichische Woche*
6. Jg., Nr. 12, 24. März 1938
*Ostmark in Wort und Bild*
1. Jg., 1. Heft, April 1938
*Illustrierter Beobachter,* Sonderheft
»Österreichs Befreiung«
20. März 1938
Privatbesitz

**ERNST JANDL**
Rezitation und Kommentar
»*wien : heldenplatz*«
Galerie der Autoren. Ernst Jandl
in Wien
TV-Aufzeichnung (Ausschnitt),
Sender Freies Berlin 1989

**THOMAS BERNHARD**
Aufführung von *Heldenplatz*
Aufzeichnung aus dem Wiener
Burgtheater, 1989 (Ausschnitt)
Österreichischer Rundfunk/Suhrkamp Verlag, Vertrieb: Hoanzl, edition
BURGTHEATER

**ERNST JANDL**
wien : heldenplatz
Typoskript
ÖLA 139/99 LIT

**THOMAS BERNHARD**
Heldenplatz
Typoskript mit Korrekturen (Faksimile)
W70/1b, Bl. 1, Thomas Bernhard
Archiv, Gmunden (TBA)

**THOMAS BERNHARD**
Heldenplatz
Typoskript mit Korrekturen (Faksimile)
W70/3a, Bl. 6, TBA

**THOMAS BERNHARD**
»Heldenplatz«
Typoskript mit Korrekturen (Faksimile)
W70/2, Bl. 51, TBA

»Bekenntnisbuch österreichischer
Dichter«
Wien 1938
659.166-B Neu

**JOSEF REITER**
»Festgesang an den Führer des
deutschen Volkes«
Musikdruck
Wien 1938
MS 29454-4°. Musiksammlung der
Österreichischen Nationalbibliothek
(MUS)

**KARL GRAF (Musik)**
**FRANZ KREUTZER (Text)**
»Heil Hitler!«
Hymnus für Männerchor
Musikdruck
Wien 1938
MS 30559-4°. MUS

**OTTO HOLTZER**
»In Wien war es noch nie so schön
wie heut'.« Wiener-Lied und langsamer Walzer
Musikdruck
Wien 1938
MS 30504-4°. MUS

**HEINZ LOTHAR**
»Du hast ja doch gesiegt!« Deutsch-Österreichs Weihelied an den Führer
Musikdruck
Wien 1938
MS 30492-4°. MUS

»Ein Volk – ein Reich – ein Führer«
Flugzettel
FLU 1938/3/3-1 BAG

»Deutschland muss wieder zurück
zum großen deutschen Mutterlande«
Flugzettel
FLU 1938/3/3-2 BAG

Stimmzettel für die Volksabstimmung am 10. April 1938
FLU 1938/3/3-3 BAG

**LOTHAR RÜBELT**
Parlament mit Propaganda-Transparenten, April 1938
Fotografie
RÜ #3068203 BAG

**FOTOGRAFIN UNBEKANNT**
Das Looshaus am Michaelerplatz
mit Propaganda-Transparenten,
April 1938
Fotografie
Pk 3002, 2555 BAG

**ALBERT HILSCHER**
Propaganda für die Volksabstimmung am Wiener Naschmarkt, April 1938
Fotografie
H 4886/11 BAG

**ALBERT HILSCHER**
Propaganda für die Volksabstimmung. HJ am Lastwagen,
April 1938
Fotografie
H 4879/1 BAG

**ALBERT HILSCHER**
Propaganda für die Volksabstimmung. Aufbauten am
Josefsplatz in Wien, April 1938
Fotografie
H 4886/13 BAG

**LOTHAR RÜBELT**
Tag des Großdeutschen Reiches in
Wien. Menschenmenge am Kärntner
Ring, Ecke Schwarzenbergplatz,
in Erwartung Adolf Hitlers,
9. April 1938
Fotografie
RÜ 8990 BAG

**FOTOGRAFIN UNBEKANNT**
Propaganda für die Volksabstimmung. Leuchtschrift »Ein Volk, ein
Reich, ein Führer«, April 1938
Fotografie
140.138B BAG

**ALBERT HILSCHER**
Am Tag der Volksabstimmung in
Wien. Auf der Bahre ins Wahllokal,
10. April 1938
Fotografie
H 4895/2 BAG

**LOTHAR RÜBELT**
Wahlzelle bei der Volksabstimmung,
10. April 1938
Fotografie
RÜ #3070567 BAG

**ALBERT HILSCHER**
Antisemitische Ausschreitungen in
Wien. Juden werden gezwungen,
Aufschriften der Vaterländischen
Front auf der Aspernbrücke
abzuwaschen, März 1938
Fotografie
H 4920/7 BAG

**FOTOGRAFIN UNBEKANNT**
Menschenschlange vor dem
polnischen Konsulat in Wien,
15. März 1938
Fotografie
Pk 3002, 2593 BAG

**FOTOGRAFIN UNBEKANNT**
Antisemitische Tafel am Eingangstor einer Wiener Parkanlage,
**Juni 1938**
Fotografie
Pk 3002, 2597 BAG

**TELEPHOT**
Kennzeichnung der Auslage eines jüdischen Hutgeschäftes, März 1938
Fotografie
436.359B BAG

**FOTOGRAFIN UNBEKANNT**
Bank in einem Wiener Park mit der Aufschrift »Nur für Arier«, Juni 1938
Fotografie
Pk 3002, 2596 BAG

**ALBERT HILSCHER**
Antisemitische Ausschreitungen Wien 1938. Geschäftsauslage mit Plakat »Jüdisches Geschäft«,
**März 1938**
Fotografie
H 4920/5 BAG

**ALBERT HILSCHER**
Antisemitische Ausschreitungen Wien 1938. Plakat »Arier! Kauft nicht bei Juden« und Schmieraktionen (»Jud«) in den Fenstern eines Wiener Kaffeehauses, März 1938
Fotografie
H 4920/3 BAG

Propagandapostkarte zur Ausstellung »Der ewige Jude«,
**August 1938**
Fotografie
S 278/13 BAG

**AGENTUR WELTBILD**
Eröffnung der Ausstellung »Der ewige Jude« in Wien. Reichsstatthalter Seyß-Inquart bei seiner Eröffnungsrede in der Nordwestbahnhalle, 2. August 1938
Fotografie
S 278/3 BAG

**ALFRED ROSENBERG**
»Wesen, Grundsätze und Ziele der Nationalsozialistischen Deutschen Arbeiterpartei«
München 1938
228.516-B Neu

Pseudowissenschaftliche Darstellung von »Ostjudentypen«
In: Volk und Rasse, Mai 1938, Heft 5
670.894-B Per

**HANS F. R. GÜNTHER**
»Kleine Rassenkunde des deutschen Volkes«
München, Berlin 1938
240.786-B Neu

»Volksgenossen, kauft nur bei Volksgenossen!«
Flugzettel
Sondersammlung FLU 1938/3/3/4 BAG

»Kauft nicht beim Juden«
Flugzettel
Sondersammlung FLU 1938/3/3/4 BAG

Ostmark-Woche (vormals Österreichische Woche)
6. Jg., Nr. 29, 11. August 1938
635.528-C Per

**SOSHANA**
»Hitler als Clown«
Kinderzeichnung
Undatiert, ca. 1938/39
Cod. Ser. n. 52.022, Stück 12 HAD

**SOSHANA**
Geburtstagsgedicht an den Vater
Ohne Ort, 18. September 1939
Autogr. 1397/136-1 HAD

**SOSHANA**
Mit Mutter und Bruder in London
Fotografie, schwarz-weiß
London 1939
Cod. Ser. n. 52.416 HAD

**SOSHANA**
Passfotoserie
Fotografie, schwarz-weiß
London um 1941
Cod. Ser. n. 52.419 HAD

**ERIC COOK**
Brief an Soshana, mit beigelegtem Passbildstreifen
Brief und Fotografien
London, 5. September 1941
Autogr. 1397/24-4 HAD

**SOSHANA**
»S. S. Madura«
Kinderzeichnung
Ohne Datum, ca. 1941
Cod. Ser. n. 52.031 HAD

**MARGARETE SCHÜLLER**
»On Board S. S. Madura«
Reisebericht
S. S. Madura, 1941
Cod. Ser. n. 52.415 HAD

**SOSHANA**
Tagebuchauszug zu den Ereignissen in Wien 1938
Manuskript
Ohne Ort, 1982
Cod. Ser. n. 51.909 HAD

**KÄTHE BRAUN-PRAGER**
Im Alter von 50 Jahren, eigenhändig datiert mit Wien, 6. Juni 1938
Fotografie
Cod. Ser. n. 27.888-28.046, Beil. 4, Stück 2 HAD

**PAULA MOLDEN-PRERADOVIĆ**
Letzter Eintrag in Käthe Braun-Pragers Gästebuch vor ihrer Emigration
Wien, 21. Februar 1939
Cod. Ser. n. 49.945, fol. 48 HAD

**KÄTHE BRAUN-PRAGER**
Postkarte an ihren Mann aus einem ihrer 15 Exilorte
Finsthwaite Village, 29. Juli 1939
Autogr. 1438/26-4 HAD

**GARDEN FETE,
TOTTLEBANK BAPTIST CHURCH**
Eintrittskarte
6. Juni 1939
Cod. Ser. n. 53.504, Stück 1 HAD

**SUCCESSFUL GARDEN FETE**
Zeitungsartikel
Juni 1939
2. Beil. zu Autogr. 1440/36 HAD

**KÄTHE BRAUN-PRAGER**
Brief an ihren Mann
Ohne Ort, 11. September 1939
Autogr. 1438/26-8 HAD

**KÄTHE BRAUN-PRAGER**
Notizbuch mit tagebuchartigen Eintragungen
Eintrag vom 10. Oktober 1947
Cod. Ser. n. 28.000, fol. 61 HAD

**KÄTHE BRAUN-PRAGER**
Fotografie
um 1941
Cod. Ser. n. 27.888–28.046, Beil. 4,
Stück 3 HAD

**KÄTHE BRAUN-PRAGER**
»Ein Refugee zu sein …«
Textentwurf, Typoskript
um 1939
Cod. Ser. n. 53.502, fol. 1 HAD

**KÄTHE BRAUN-PRAGER**
Köchin in der Fremde
Gedicht, Typoskript
ohne Datum
Cod. Ser. n. 53.501, Blatt 1 HAD

**Eintrittskarte in den Lesesaal des British Museum**
Ausweis
1947–1950
Cod. Ser. n. 28.031, Blatt 8 HAD

**KÄTHE BRAUN-PRAGER**
Abbildung mit einem ihrer Werke
Fotografie
ohne Datum
Cod. Ser. n. 27.888–28.046, Beil. 4,
Stück 4 HAD

**KÄTHE BRAUN-PRAGER**
Aufzeichnungen zum Kartenspiel
Notizbuch
1942
Cod. Ser. n. 28.003, fol. 28 HAD

**KÄTHE BRAUN-PRAGER**
Set von Spielkarten aus dem Besitz von Laura Braun
ohne Datum
Cod. Ser. n. 27.888–28.046, Beil. 7 HAD

**ROBERT UND STEFANIE NEUMANN**
»Bessere – Zeiten.«
Fotografie
undatiert, vor 1938
LIT 347/L75 LIT

**ROBERT NEUMANN**
Carte d'identité
Sanary, 12. Juli 1938
Cod. Ser. n. 52.724 HAD

**ROBERT NEUMANN**
Brief an seinen Sohn Heinrich
Autograf
Sanary, 20. März 1938
Cod. Ser. n. 21.777/3, Bl. 15 HAD

**HEINRICH NEUMANN**
Porträt
Fotografie
Ayton, 1938
LIT 347/L12 LIT

**ROBERT NEUMANN**
»Marcus oder die Emigration«
Manuskript
Sanary, 21. April 1938 – 4. Mai 1938
Cod. Ser. n. 20.905 (1) HAD

**ROBERT NEUMANN**
Tagebucheintrag vom
14. August 1940
Manuskript
Cod. Ser. n. 21.608/3 HAD

**ROBERT NEUMANN**
Passierschein für privilegierte Personen
Typoskript
Mooragh Camp, 29. Juni 1940
Cod. Ser. n. 52.725, 6 HAD

**»To whom it may concern«**
Autograf
Mooragh Internement Camp,
21. August 1940
Cod. Ser. n. 52.725, 7 HAD

**ROBERT NEUMANN**
Entlassung aus dem Camp
Telegramm
London, 27. August 1940
Cod. Ser. n. 22.475/1 HAD

**HEINRICH HERBERT NEUMANN**
Telephone Phantasy
Handschriftliches Fragment
Ohne Ort, um 1942
Cod. Ser. n. 21.772 HAD

**HEINRICH HERBERT NEUMANN**
Letzter erhaltener Brief an den Vater
Typoskript
Caversham, 2. Februar 1944
Cod. Ser. n. 21.777/9 HAD

**HEINRICH HERBERT NEUMANN**
Totenschein
South Hammersmith,
28. August 1944
Cod. Ser. n. 52.727, 1 HAD

**ROBERT NEUMANN**
Tagebucheintrag zum Tod des Sohnes
Manuskript
Tanny-Bydlich, 10.–14. März 1944
Cod. Ser. n. 21.601 HAD

**ROBERT NEUMANN**
Robert Neumann being. The Journal and Memoirs of Henry Herbert Neumann edited by his father
Typoskript
London, August 1945
Cod. Ser. n. 20.893 I (1) HAD

**ROBERT NEUMANN**
The ~~Nigger~~ Children of Vienna.
A Novel by Robert Neumann
Manuskript
Ohne Ort, 1946
Cod. Ser. n. 20.835 (1) HAD

**ROBERT NEUMANN**
Die Kinder von Wien
1948 Querido Verlag Amsterdam,
aus dem Englischen übertragen v.
Franziska Becker
820.891-B Neu

**ROBERT NEUMANN**
Vor dem Pesthouse in Kent
Fotografie
Kent, ohne Datum
Cod. Ser. n. 52738 HAD

**ROBERT NEUMANN**
Britischer Reisepass
1955
Cod. Ser. n. 52.724 HAD

**ROBERT NEUMANN**
Driving Licence
1935–1959
Cod. Ser. n. 52.724 HAD

**ERICH WOLFGANG KORNGOLD**
Illustrierter Filmkurier mit Szenen aus »Ein Sommernachtstraum«
Autogr. 485/37-1 HAD

**ERICH WOLFGANG KORNGOLD**
»nach einer abgesagten Toten Stadt«, eigenhändige Karikatur
Autogr. 485/37-3 HAD

**MAX REINHARDT**
Radiogramm an Erich Wolfgang Korngold
Autogr. 940/33-2 HAD

**ERICH WOLFGANG KORNGOLD**
Umschlag zu »Sommernachtstraum. Nebeltanz« mit eigenhändigen Zeichnungen
Mus. Hs.
28994 Mus A/Korngold/2 MUS

**ERICH WOLFGANG KORNGOLD**
Erste Partitursskizze zur Arie der Heliane
Autograf
Mus. Hs. 42628-GF Mus A/Korngold/3-GF MUS

**HANS GÁL**
Zeichnung von Leopold Knoll (Repr.)
F 34 Fickert 435 MUS

**HANS GÁL**
Karte an Richard Stöhr, 5. November 1919
Autograf
F 34 Fickert 435 MUS

**HANS GÁL**
Kanon mit Vergrößerung und doppelter Vergrößerung, 1962
Autograf
Mus. Hs. 42603 MUS

**HANS GÁL**
The Golden Age of Vienna
London 1948
765807-B.2 MUS

**HANS GÁL**
Brief an Richard Maux, 24. März 1947
Mus. Hs. 43505 MUS

**HANS GÁL**
Lilliburlero. Improvisations on a Martial Melody for Orchestra
Partitur, Autograf
Mus. Hs. 33732 MUS

**HANS GÁL**
Huyton Suite for Flute and 2 Violins, 1948, mit biografischer Notiz
Manuskript
MS 70789-8° MUS

**EGON WELLESZ, HENRY HOPE COLLES, EDWARD JOSEPH DENT**
Fotografie
Oxford, 10. Mai 1932
F13.Wellesz.932/5 MUS

**EGON WELLESZ**
Konzertprogramm
Concertgebouw Amsterdam, 13. März 1938
F13.Wellesz.593 MUS

**EGON WELLESZ**
Aberkennung der Lehrbefugnis an der Universität Wien
Dokument
Wien, 23. April 1938
F13.Wellesz.2782/13 MUS

**EGON WELLESZ**
Oxford University Pocket Diary 1939/1940, aufgeschlagen September 1940
F31.Wellesz.2353/3 MUS

**EGON WELLESZ**
»Mitte des Lebens«. Kantate
Partitur
F13.Wellesz.48 MUS

**EGON WELLESZ**
Über das Leben in England
Autograf
F13.Wellesz.990 MUS

**EGON WELLESZ**
Komturkreuz des Order of the British Empire
1. Januar 1957
F13.Wellesz.2787/1 MUS

**DOL DAUBER**
Künstlerfoto mit Widmung vom 13. Mai 1931
Fotografie, Atelier Feldscharek
F79.Dauber.3/8 MUS

**Dol Dauber mit Orchester auf Tournee**
Fotografie
Ohne Datum
F79.Dauber.3/10 MUS

**DOL DAUBER**
»Der Götz von Berlichingen«
Karikatur von Stephan Hlawa
November 1927
F79.Dauber.4a MUS

**DOL DAUBER**
Serenade (»Du bist heut' wieder schön – !«)
Musikdruck
Wien, Edition Wiener Schlagerwerke 1933
F79.Dauber.5e,14 MUS

**Robert Dauber am Klavier**
Fotografie, Sommer 1942
F79.Dauber.2/2a MUS

**Familien Dauber, Stolz und Heller, Marienbad 1931**
v.l.n.r.: Robert und Dol Dauber, Lilli und der Komponist Robert Stolz (Roberts Taufpate), Schauspieler Fritz Heller mit Gattin
Fotografie von Hans Lampalzer
F79.Dauber.9 MUS

**ROBERT DAUBER**
Postkarte aus Theresienstadt an die Eltern
Autograf
25. Mai 1944
F79.Dauber.2/1a MUS

**ROBERT DAUBER**
Serenata für Violine und Klavier
Handschriftliche Violinstimme
Ohne Datum
F79.Dauber.2/7 MUS

**ALBERT DRACH**
Sachverhaltsdarstellung an das Bundespolizeikommissariat Mödling zu den Schikanen und Verleumdungen im Herbst 1938
Ohne Datum, ca. 1948
ÖLA 31/95 LIT

**ALBERT DRACH**
»›Z.Z.‹ das ist die Zwischenzeit«
Typoskript mit Korrekturen des Autors
Ohne Datum
ÖLA 31/95 LIT

**ALBERT DRACH**
»›Z.Z.‹ das ist die Zwischenzeit«
Handschriftliche Fassung
März 1965
ÖLA 31/95 LIT

**ALBERT DRACH**
Liste der Domizile im französischen Exil
Typoskript
Ohne Datum, ca. 1947
ÖLA 31/95 LIT

**RODOLPHE LEBEL (Friedensrichter)**
Zeugnis, das die Loyalität Drachs gegenüber Frankreich beglaubigt
Typoskript
Paris, Mai 1940 (Kopie beglaubigt Valdeblore, September 1944)
ÖLA 31/95 LIT

**ALBERT DRACH**
Heimatschein
Ausgestellt vom Magistrat der Stadt Wien
Wien, 24. Januar 1939
ÖLA 31/95 LIT

**ALBERT DRACH**
Nationaler Zusammenschluss der Befehlsverweigerer und Widerstandskämpfer
Ausweis, ausgestellt auf Albert Drach
Nizza, März 1948
ÖLA 31/95 LIT

**DER BÜRGERMEISTER VON VALDEBLORE (frz. Meeralpen, nahe Nizza)**
Ersuchen um Bestätigung des legalen Aufenthaltes Albert Drachs
Brief vom 12. Juni 1944 an den Präfekten des Départements Alpes-Maritimes
ÖLA 31/95 LIT

**KOMMISSARIAT FÜR JUDENFRAGEN**
Bescheinigung über die Nichtzugehörigkeit zur jüdischen Rasse
Vichy, April 1943
ÖLA 31/95 LIT

**ALBERT DRACH / JEAN GERMON**
Pachtvertrag über Kartoffelacker
Manuskript
Valdeblore, 23. Oktober 1943
ÖLA 31/95 LIT

**BERTA ZUCKERKANDL**
Erste Seite eines Berichts über die Flucht durch Frankreich und aus Frankreich
Heft (Manuskript)
Algier, November 1940
LIT 405/12 LIT

**ELAZAR BENYOËTZ**
»Allerwegsdahin. Mein Weg als Jude und Israeli ins Deutsche«
Druck
Zürich, Hamburg 2001 (Privatbesitz)

**ELAZAR BENYOËTZ**
Eintrag Aphorismus
Karteikarte, ohne Datum
LIT 387/11 LIT

**ELAZAR BENYOËTZ**
Gottlieb Koppel mit seinen Kindern Susi und Paul
Fotografie
Wiener Neustadt, 1939
LIT 387/11 LIT

**ELAZAR BENYOËTZ**
Überfahrt nach Palästina auf dem bulgarischen Schiff »Rudnicar«
Fotografie
19. Oktober 1939
LIT 387/11 LIT

**ELAZAR BENYOËTZ**
In Stuttgart
Fotografie
1963
LIT 387/11 LIT

**ELAZAR BENYOËTZ**
In Salzburg
Fotografie
1963
LIT 387/11 LIT

**ELAZAR BENYOËTZ**
Ankunft in Berlin
Fotografie
1964
LIT 387/11 LIT

**ELAZAR BENYOËTZ**
Im Sechstagekrieg (5.–10. Juni 1967)
Fotografie
Sinai, 1967
LIT 387/11 LIT

**ELAZAR BENYOËTZ**
Im Sechstagekrieg (5.–10. Juni 1967)
Fotografie
Sinai, 1967
LIT 387/11 LIT

**ELAZAR BENYOËTZ**
Porträt
Fotografie
Ende 1970er-Jahre
LIT 387/11 LIT

**THEODOR W. ADORNO**
Zum Konzept einer Bibliografie deutsch-jüdischer Autoren
Brief an Elazar Benyoëtz,
28. Januar 1964
LIT 387/11 LIT

**ELAZAR BENYOËTZ**
Zur Schwierigkeit in deutscher Sprache zu denken und zu schreiben
Brief (Auszug) an Harald Weinrich,
29. Oktober 1981
LIT 387/11 LIT

**H. G. ADLER**
Zu Benyoëtz' erstmaliger Reise nach Deutschland
Brief an Elazar Benyoëtz,
14. Dezember 1963
LIT 387/11 LIT

**ADOLF PLACZEK**
Eintrittskarten für den Opernball
15. Januar 1938
ÖLA 174/L4/10 LIT

**DEKANAT DER PHILOSOPHISCHEN FAKULTÄT DER UNIVERSITÄT WIEN**
Benachrichtigung an Adolf Placzek, dass aufgrund des Numerus clausus für Juden eine Inskription im Sommersemester 1938 nicht mehr möglich ist
Wien, 30. Mai 1938
ÖLA 174/L3/3 LIT

**HANS SEDLMAYR (Vorstand Kunsthistorisches Institut der Universität Wien)**
Bescheinigung über den Studienerfolg Adolf Placzeks
Wien, 1. Juli 1938
ÖLA 174/L3/2 LIT

**UNIVERSITÄT FLORENZ**
Empfehlungsschreiben für Adolf Placzek, mit notarieller Beglaubigung durch einen Wiener Notar
Florenz, 23. Juni 1938
ÖLA 174/L3/5 LIT

**ADOLF PLACZEK**
Meldungsbuch der Universität Wien mit den Eintragungen vom Sommersemester 1938
ÖLA 174/L3/1 LIT

**ADOLF PLACZEK**
Visum für Großbritannien vom April 1939 (eingetragen in Reisepass des Deutschen Reiches)
ÖLA 174/L4/4 LIT

**ADOLF PLACZEK**
Reisepass des Deutschen Reiches (Faksimile)
Ausgestellt Wien, 4. November 1938
ÖLA 174/L4/4 LIT

**NS-DEVISENSTELLE WIEN**
Reisegepäck des Auswanderers Adolf Kurt Israel Placzek
Wien, 21. April 1939
ÖLA 174/L4/7 LIT

**ZAHNATELIER ALOIS KAUFMANN**
Zeugnis für Adolf Placzek über die Absolvierung einer Zahntechnikerausbildung
Wien, 22. März 1939
ÖLA 174/L 4/6 LIT

**WEHRBEZIRKSKOMMANDO WIEN I**
Ausschließungsschein von der Deutschen Wehrmacht, ausgestellt auf Adolf Placzek
Wien, 1. März 1939
ÖLA 174/L4/5 LIT

**AMERIKANISCHES GENERALKONSULAT WIEN, DEUTSCHLAND**
Benachrichtigung, dass Adolf Placzek sich auf der Warteliste für die Einwanderung in die Vereinigten Staaten befindet
16. August 1938
ÖLA 174/L 4/9 LIT

**HERTHA PAULI**
Autogrammkarte
Fotografie, schwarz-weiß
Wien, 1937
Cod. Ser. n. 42.925 HAD

**HERTHA PAULI**
»Some memoirs of the Anschluss«
Typoskript
Ohne Ort, ohne Datum
Cod. Ser. n. 33.797 HAD

**HERTHA PAULI**
Brief an Franz Theodor Csokor
Clairac, 12. Oktober 1939
Ohne Signatur (NL Pauli) HAD

**HERTHA PAULI**
Brief an Robert Neumann
Paris, 9. März 1940
Ohne Signatur (NL Neumann) HAD

**HERTHA PAULI, HANS NATONEK, ERNST WEISS, WALTER MEHRING**
Brief (Kopie) an Thomas Mann
Paris, 2. Juni 1940
Ohne Signatur (NL Pauli) HAD

**KARL FRUCHT**
Brief mit Fluchtplan an Hertha Pauli
Ohne Ort, 30. Juli 1967
Cod. Ser. n. 33.894 HAD

**WALTER MEHRING**
»an Hertha« (Gedicht)
Manuskript
Ohne Ort, 4. September 1946
Cod. Ser. n. 34.002 HAD

**HERTHA PAULI**
»Der Riss der Zeit geht durch mein Herz«
Wien, 1970
Cod. Ser. n. 33.710–34.071, Beilage 26 HAD

**BRUNO FREI**
»Das Elend Wiens«
Wien-Leipzig 1921
538.836-B Neu

**BRUNO FREI**
»Was geht in Deutschland vor?«
Paris 1936
1.500.333-B Neu

**BRUNO FREI**
Vereinigung österreichischer Freiwilliger in der spanischen Republik 1936–1939 und der Freunde des demokratischen Spanien
Mitgliedskarte 1972
ÖLA 101/98 LIT

**FOTOGRAFIN UNBEKANNT**
Bruno Frei im Kreis von Kämpfern des Spanischen Bürgerkrieges (1936/37?)
Fotografie
ÖLA 101/98 LIT

**BRUNO FREI**
Amicale des anciens internés politiques et résistants du Camp du Vernet d'Ariège
Mitgliedskarte 1974
ÖLA 101/98 LIT

**BRUNO FREI**
Die Österreichische Tragödie
Typoskript (abgedruckt in: »El Libro Negro del Terror Nazi en Europa«, S. 111ff.)
Cod. Ser. n. 46.941, fol. 1r HAD

**BRUNO FREI**
Exil
Typoskript mit eigenhändigen Korrekturen
Cod. Ser. n. 47.469, fol. 1ar HAD

**BRUNO FREI**
Bundesverband der österreichischen KZler, Häftlinge und politisch Verfolgten (1949)
Ausweis
1949
ÖLA 101/98 LIT

**BRUNO FREI**
Reisepass
ausgestellt am 1. Oktober 1970
ÖLA 101/98 LIT

**FREIES DEUTSCHLAND. ALEMANIA LIBRE**
Titelblatt der Ausgabe vom Oktober 1942 (Heft 12)
299.247.-C.2 1942–1943 Neu

**EGON FRIEDELL**
Abreißkalender mit dem Datum 16. März 1938
Tag, an dem Egon Friedell durch einen Sprung aus dem Fenster seiner Wiener Wohnung Selbstmord beging
ÖLA 233/04 LIT

**ERICH FRIED**
Eintrag des Flüchtlings Erich Fried vom Oktober 1938 in ein Familienalbum
ÖLA 4/90, ohne Sign. LIT

**EGON WELLESZ**
Brief an Emmy Wellesz vom 11. Juli 1940
F13.Wellesz.2093/1 MUS

## AUTORINNENVERZEICHNIS

**STEFAN ENGL,** geb. 1974 in Bruneck/Südtirol. Studium der Musikwissenschaft an der Universität Wien. 2002–2004 Arbeit im historischen Archiv der Universal Edition Wien. Seit 2004 Mitarbeiter der Musiksammlung der Österreichischen Nationalbibliothek.

**BERNHARD FETZ,** geb. 1963 in Höchst/Vorarlberg. Studium der Germanistik, Publizistik und Romanistik in Wien. Direktor des Literaturarchivs der Österreichischen Nationalbibliothek und Privatdozent am Institut für Germanistik der Universität Wien, leitende Mitarbeit an größeren wissenschaftlichen Projekten, Literaturkritiker. Zahlreiche Arbeiten vor allem zur Literatur und zur Kulturgeschichte des 20. Jahrhunderts.

**ANDREAS FINGERNAGEL,** Studium der Kunstgeschichte und klassischen Archäologie in Salzburg und Wien. Wissenschaftlicher Mitarbeiter der Deutschen Forschungsgemeinschaft in Berlin und der Österreichischen Akademie der Wissenschaften. Seit 1995 Mitarbeiter der Österreichischen Nationalbibliothek, seit 2008 Leiter der neu gegründeten Sammlung von Handschriften und Alten Drucken.

**MICHAEL HANSEL,** geb. 1972 in Neunkirchen/Niederösterreich. Studium der Germanistik und Geschichtswissenschaften in Wien. Wissenschaftlicher Mitarbeiter am Literaturarchiv der Österreichischen Nationalbibliothek. Zahlreiche Aufsätze und Herausgeberschaften zur österreichischen Literatur im 20. Jahrhundert, Literaturkritiken in verschiedenen Medien.

**ANDREA HARRANDT,** geb. 1960 in Wien. Studium der Musikwissenschaft an der Universität Wien, ab 1984 Mitarbeiterin der Kommission für Musikforschung der Österreichischen Akademie der Wissenschaften, ab 2004 Mitarbeiterin der Musiksammlung der Österreichischen Nationalbibliothek. Zahlreiche Publikationen, insbesondere zu Anton Bruckner.

**KATRIN JILEK,** Studium der Historischen Hilfswissenschaften in München und Rom, Referendariat für den höheren Bibliotheksdienst an der Bayerischen Bibliotheksschule und der Handschriftensammlung der Universitätsbibliothek Tübingen. Seit April 2011 Referentin für Autografen und Nachlässe in der Sammlung von Handschriften und Alten Drucken der Österreichischen Nationalbibliothek.

**VOLKER KAUKOREIT,** geb. 1955 in Dormagen/Nordrhein-Westfalen. Bis 1991 wissenschaftlicher Redakteur der Gesamtausgabe der Werke Heinrich Heines in Düsseldorf, ab 1992 Mitarbeiter des Literaturarchivs der Österreichischen Nationalbibliothek, seit 1996 dessen stellvertretender Leiter. Zahlreiche Veröffentlichungen und Herausgeberschaften, vor allem zur deutschsprachigen Literatur der zweiten Hälfte des 20. Jahrhunderts.

**THOMAS LEIBNITZ,** geb. 1955 in Wien. Studium der Musikwissenschaft an der Universität Wien. Ab 1978 Mitarbeiter des Instituts für Österreichische Musikdokumentation, ab 1986 wissenschaftlicher Bibliothekar der Musiksammlung der Österreichischen Nationalbibliothek. Zahlreiche Publikationen zur österreichischen Musik des 19. und 20. Jahrhunderts. Seit 2002 Direktor der Musiksammlung der Österreichischen Nationalbibliothek.

**GABRIELE MAUTHE,** Studium der Philosophie an der Universität Wien. Tätigkeit als Historikerin im Bereich Altes Buch, Archive, Nachlässe und Autographen an der Österreichischen Nationalbibliothek, u. a. Redakteurin eines Handbuchs österreichischer Autorinnen und Autoren jüdischer Herkunft vom 18. bis 20. Jahrhundert, zahlreiche Publikationen zu kulturhistorischen Themen.

**HANS PETSCHAR,** geb. 1959 in Töplitsch/Kärnten. Direktor von Bildarchiv und Grafiksammlung der Österreichischen Nationalbibliothek. Als Historiker und Bibliothekar zahlreiche Publikationen zur österreichischen Geschichte, u. a. »Die junge Republik«, »Anschluss«, »Altösterreich. Menschen, Länder und Völker in der Habsburgermonarchie«.

**MICHAELA PFUNDNER,** geb. 1965 in Amstetten. Langjährige Tätigkeit am Bildarchiv des Instituts für Zeitgeschichte, zahlreiche Lehrveranstaltungen an der Universität Wien und der Donau-Universität Krems. Seit 2010 stellvertretende Direktorin von Bildarchiv und Grafiksammlung und Leiterin der Abteilung Bilddokumentation.

**WERNER ROTTER,** 1979 Abschluss eines Doppelstudiums in Theaterregie und Schauspiel an der Folkwanghochschule in Essen, arbeitet seit 1983 an der Österreichischen Nationalbibliothek, seit 1996 Mitarbeiter am Literaturarchiv. 1994 Abschluss der bibliothekarischen Ausbildung über Egon Friedell, 2008 Abschluss des Diplomstudiums an der Universität Wien.

**UTE SCHMIDTHALER,** Studium der Germanistik, Theaterwissenschaften und Katholischen Theologie an der Universität Wien. Tätigkeit in der Museumsbibliothek der Albertina Wien, seit 2007 Mitarbeiterin in der Erschließung von Autographen und Nachlässen in der Sammlung von Handschriften und Alten Drucken der Österreichischen Nationalbibliothek.

**MARC STRÜMPER,** geb. 1967 in Berlin. Studium von Musikwissenschaft, Theaterwissenschaft und Kunstgeschichte in Berlin, Köln und Wien. Ab 2001 Mitarbeit am Institut für Wiener Klangstil der Universität für Musik und darstellende Kunst in Wien, ab 2002 freiberufliche Tätigkeit am Kunsthistorischen Museum Wien. Seit 2005 Mitarbeiter der Musiksammlung der Österreichischen Nationalbibliothek.